RAGNAROK

EL CAMINO DE UN HOMBRE

RAGNAROK
EL CAMINO DE UN HOMBRE

Los Secretos para Forjarte como Hombre que la Sociedad te está Ocultando

Hombres Peligrosos®

Escrito por el equipo de **Hombres Peligrosos** dirigido por Humberto Montesinos M.

Aviso Legal

ISBN: 9798849506050
IDENTIFICADOR: 2301183213576
Sello: Publicación Independiente

Código de verificación: 2301183213576-3XQTKH
https://www.safecreative.org/certificate

"No hay viento favorable para el que no sabe a dónde va"

- Séneca

"Llegará el momento en que creas que todo ha terminado. Ese será el principio."

- Epicuro

Índice

Introducción

Hola, estos meses hemos estado trabajando junto al equipo en este nuevo libro enfocado al desarrollo masculino. Durante un tiempo en la comunidad hemos visto como todos vamos evolucionando cada día y vemos que la seducción es buena, pero lo más importante es regresar a los orígenes y crear un pilar en tu vida que te ayude a ti principalmente a desarrollarte en todos los sentidos y después de eso introducirte al mundo de la seducción si así lo deseas.

Muchos van por la vida detrás de las mujeres intentado "seducir" y tener noches de sexo, pero si no te enfocas en ti primeramente de nada te va servir tener relaciones con diferentes mujeres. Al final tu vida estará vacía, el tiempo te cobrará factura y te costará más desarrollarte.

Si estás leyendo este libro es porque estás decidido a cambiar tu vida y encontrar tu propio camino como hombre en un mundo en tiempos difíciles... Guerra, escases de alimento, enfermedades, la economía global cayendo, violencia, debilidad, etc.

En un mundo lleno de problemas donde culpan al hombre solo por ser hombre, te dicen que tienes una "masculinidad frágil" y la sociedad busca "reconstruirte" para mantenerte débil... ¿Podrás forjar tu camino, tus cualidades, tu filosofía de vida y salir adelante?

Ragnarok en la mitología nórdica es la batalla del fin de los dioses.

Esta es tu propia batalla para no dejarte gobernar por la sociedad actual, esta es tu batalla en el **Ragnarok**.

Construye tu Filosofía de Vida

Primeramente, vamos a hablar de la filosofía de vida.

Filosofía de vida es una expresión que se refiere a los principios, valores e ideas que rigen el estilo de vida de una persona o de un grupo y orientan su comportamiento en busca de la autorrealización.

Existen muchos tipos de filosofía de vida en la sociedad. Muchas provienen de las religiones o espiritualidades como el cristianismo, el judaísmo, el islamismo, el budismo, el taoísmo, etc. Sin embargo, aunque toda religión encarna una filosofía de vida, no toda filosofía de vida constituye una religión. También existen filosofías de vida de naturaleza agnóstica.

Todas tienen en común el hecho de que provienen del ejercicio crítico del pensamiento, pues pretenden hallar el mejor modo de existir humanamente. Así, más que una interrogante metafísica, una filosofía de vida es, pues, un código que orienta las actitudes humanas para alcanzar la autorrealización, la paz y la justicia.

Para que se pueda hablar de filosofía de vida, es necesario que exista una conciencia reflexiva ante la naturaleza de la vida. Una filosofía de vida deriva de un acto consciente y deliberado de reflexión sobre la existencia. Es decir, se funda en la consciencia y el autoconocimiento. Lo contrario es, en consecuencia, vivir en estado autómata o automático.

Pero, ¿Qué filosofía seguir en la actualidad? ¿Cómo forjar una filosofía de vida como Hombre?

PASOS PARA FORJAR TU FILOSOFÍA DE VIDA

Si desconoces tu propósito en la vida, correrás el riesgo de ser utilizado por quien si conozca el suyo. Así que, si no lo tienes, es importante construirlo. Tu filosofía de vida te asegura recorrer el camino que elijas hacia tus sueños y es más difícil que alguien te manipule o quiera hacerte cambiar de opinión sobre algo.

Tener tu filosofía te hará más fácil tomar decisiones en tu vida.

Reflexiona y responde las siguientes preguntas clave:
¿Quién soy?
¿De dónde vengo?
¿Con quién y con qué estoy comprometido y de qué manera?
¿Cuáles son mis talentos o fortalezas?
¿Cuál es mi propósito de vida o para qué estoy aquí?

Escribe un párrafo que entrelace las respuestas.

Apréndetelo e incorpóralo en ti.

Sencillo ¿no?... Pues la verdad que es sencillo, pero no es fácil aplicarlo. Reflexionar en esas preguntas te darán la base para forjar tu propia filosofía que es algo muy importante.

La incertidumbre drena mucha energía y genera estrés. La claridad precede al éxito y mientras más claro veas lo que sucede en tu vida, tomarás mejores decisiones con las que obtendrás mejores resultados. Al conocer tus fortalezas y la manera de utilizarlas:

- Tendrás mayor confianza en ti mismo para enfrentar

situaciones difíciles que inevitablemente aparecerán.

- Actuarás lleno de energía pues fuiste tú quien decidió cómo y hacia donde avanzar en la vida.
- Poco a poco te darás cuenta que puedes con esto y mucho más.

- Encontrarás tu potencial y notarás que tienes mucha más capacidad.

- Elevarás tus estándares.

- Aunque serás mucho más consciente de tu mortalidad, disfrutarás cada momento con intensidad y gratitud.

Todo esto te ayudará a sacar al guerrero que llevas dentro para que con valentía enfrentes y disfrutes la vida.

LA FILOSOFÍA ESTOICA

El estoicismo, es una filosofía de 2.000 años de antigüedad que se usa para sobrevivir al caos.

En 1965, durante la guerra entre Estados Unidos y Vietnam, el piloto de la Armada estadounidense James Stockdale recibió un disparo mientras volaba sobre el país enemigo.

El joven no sabía que pasaría siete años como prisionero de guerra de los vietnamitas. Y que un filósofo que había vivido en Grecia en el siglo I d.C. se convertiría en su gran maestro y amigo, ayudándole a soportar sufrimientos inimaginables.

El filósofo se llamaba Epicteto y su filosofía, el estoicismo.

En su libro "A Vietnam Experience" James Stockdale habla del estoicismo, el piloto cuenta cómo las enseñanzas de esta escuela filosófica lo reconfortaron durante sus largos años de cautiverio.

"Todo lo que sé sobre Epicteto lo he practicado a lo largo de los años", escribió Stockdale.

"Él me enseñó que lo necesario es mantener el control de mi propósito moral. De hecho, (él me enseñó) que soy mi propósito moral".

"Que soy completamente responsable de todo lo que hago y digo. Y que yo decido y controlo mi propia destrucción y mi propia liberación".

ESTOICISMO: LA CALMA EN MEDIO DEL CAOS

¿Cómo vivir una buena vida en un mundo impredecible? ¿Cómo hacer lo mejor dentro de nuestras posibilidades mientras aceptamos lo que está fuera de nuestro control?

Estas son las cuestiones centrales del estoicismo, una filosofía creada hace más de 2.000 años en la que cada vez más personas buscan antídotos contra las dificultades de la vida contemporánea.

El estoicismo predicó el valor de la razón, al proponer que las emociones destructivas son el resultado de errores en nuestra manera de ver el mundo y ofreció una guía práctica para permanecer resueltos, fuertes y en control de la situación. La escuela estoica tuvo una profunda influencia en la civilización grecorromana y, en consecuencia, en el pensamiento occidental en general. Y fue más allá.

Está presente en el cristianismo, el budismo y el pensamiento de varios filósofos modernos, como el alemán Immanuel Kant, además de haber influido en la técnica contemporánea de la psicoterapia llamada terapia cognitivo-conductual.

TRES PERLAS DE SABIDURÍA DE EPITECTO

1. **"Si voy a morir, moriré cuando llegue el momento. Como me parece que aún no es la hora, comeré porque tengo hambre".** Lo que Epitecto está queriendo decir aquí es que lo que tenga que ser será. Pero si no tengo que lidiar con eso ahora, voy a hacer otra cosa, explica Massimo Pigliucci, filósofo italiano y practicante del estoicismo hoy.

2. **"No eres lo que pretendes ser, así que reflexiona y decide: ¿esto es para ti? Si no es así, prepárate para decir: para mí eso no tiene importancia".** Deja atrás las cosas que no están bajo tu control e intenta trabajar duro en lo que tú puedes controlar, interpreta Nancy Sherman, filósofa estadounidense que estudia la influencia del pensamiento estoico en la ética militar.

3. **"No esperes que el mundo sea como deseas, sino como es realmente. De esa manera tendrás una vida pacífica".** Para quien ve conformismo en estas palabras, un punto importante: no propone que tú seas pasivo en relación a la vida, sino que aceptes las cosas que están más allá de tu control y que ya sucedieron, dice el filósofo y psicoterapeuta escocés Donald Robertson.

¿CÓMO BLINDARNOS CONTRA EL INFORTUNIO?

El estoicismo fue fundado en el siglo III a.C. por Zeno, un rico comerciante de la ciudad de Citius, en Chipre.

Después de sobrevivir a un naufragio en el que perdió todo lo que tenía, Zeno fue a Atenas. Allí conoció las filosofías de Sócrates, Platón, Aristóteles y sus seguidores.

Los primeros estoicos crearon una filosofía que ofrecía una visión unificada del mundo y el lugar que el hombre ocupaba en él. El pensamiento estaba compuesto por tres partes: ética, lógica y física.

Para los estoicos, el universo estaba gobernado por la razón o logos, un principio divino que dominaba todo. Por lo tanto, estar en armonía con el universo significaba vivir en armonía con Dios. La filosofía estoica también proponía que los hombres vivieran con virtud, un concepto que para ellos estaba íntimamente asociado con la razón, como explica el filósofo Donald Robertson.

Si podemos vivir sabiamente, guiados por la razón, floreceremos y desarrollaremos nuestro potencial como seres humanos. Dios nos ha dado esta capacidad, depende de nosotros usarla adecuadamente.

El estoicismo floreció durante dos siglos en la antigua Grecia, y alrededor del 100 a.C. llegó su popularidad a Roma. Uno de los pensadores más conocidos de la época es Séneca, consejero del infame emperador romano Nerón. En una carta a su amigo Lucílio, el filósofo habla de uno de los componentes centrales de la virtud:

La capacidad de armarnos contra la desgracia.

"La mayoría de los hombres son débiles y fluyen en la miseria entre el miedo a la muerte y las dificultades de la vida, no están dispuestos a vivir y, sin embargo, no saben cómo morir".

"Por esa razón, haz que la vida en general sea placentera para ti, eliminando todas las preocupaciones al respecto".

La idea central de esta carta es que no debemos solo prepararnos para hacer frente a las necesidades de la vida, sino también preparamos para lo peor.

¿CÓMO LIDIAR CON NUESTRAS EMOCIONES?

Los estoicos también tenían una visión particular de las emociones, llamadas pasiones, que se dividían en tres categorías: emociones buenas, malas e indiferentes. Propusieron que deberíamos centrarnos en las emociones malas o poco saludables, aprendiendo a lidiar con ellas. Admirado por los filósofos a lo largo de los siglos, el famoso ensayo de Séneca "Sobre la ira" propone maneras de lidiar con este sentimiento.

Séneca sugiere lo siguiente: tú tienes una visión sobre algo malo que sucedió, pero puedes cambiar de opinión al respecto. (Puedes decirte a ti mismo que) no fue tan malo, fue un accidente, no tuvo esa intención o que no es importante para ti.

En el siguiente extracto de su manual, Epitecto reflexiona sobre el mismo tema: las pasiones y cómo tratarlas:

"Los hombres no son perturbados por las cosas, sino por sus opiniones sobre ellas".

Por lo tanto, cuando estamos avergonzados o perturbados, no lo atribuyamos a otro sino a nosotros mismos. Es decir, según nuestras propias opiniones.

Estas palabras han sido una revelación para muchas personas a lo largo de los siglos y hasta el día de hoy.

Está diciendo que son nuestras opiniones sobre las cosas las que determinarán si nos van a molestar o no.

Pero en lugar de tratar de suprimir (las emociones), debemos confrontar las creencias que nos llevarán a convertirlas en emociones saludables.

Sobre la tercera categoría, la de las emociones indiferentes, la idea es simplemente ignorarlas.

ESTABLECER PRIORIDADES Y ENTENDER LO QUE ESTÁ BAJO NUESTRO CONTROL

La búsqueda del autocontrol es fundamental para la filosofía estoica. Pero para esto es importante poder distinguir lo que está bajo nuestro control.

En respuesta a esta pregunta, Epitecto creó dos listas.

"Las cosas que están bajo nuestro control son nuestros juicios, opiniones y valores que decidimos adoptar, y lo que no está bajo nuestro control es todo lo demás, además de todo lo que es externo".

"Puedes influir en tu cuerpo, mantener una dieta saludable, hacer ejercicios, pero al final, tu cuerpo no está bajo tu control, porque puedes contraer un virus o sufrir un accidente y romperte una pierna".

Según Pigliucci, esta distinción permite darse cuenta de que, si las únicas cosas que están bajo nuestro control son los juicios, opiniones y valores, es en ellos en los que debemos mantener nuestro enfoque.

EJERCICIOS DE ESTOICISMO PARA PRACTICAR

Escribe tu propio diario filosófico (como enseñaron Séneca y Epíteto). Antes de ir a la cama, reflexiona sobre las cosas más importantes que te sucedieron ese día, cosas que son importantes en términos de tu ética personal: ¿qué hice mal? ¿Qué hice bien? ¿Y qué me queda por hacer?

Ejercicios de autoconservación. Toma un baño de agua fría, aunque no todos los días. Los estoicos hacían algunos ejercicios de autoprivación, como tomar baños con agua fría, salir a la calle sin abrigo o ayunar. Según este planteamiento, si te privas temporalmente de esas cosas, las apreciarás mejor. Además, sentirás empatía hacia las personas que no tienen acceso a ellas y recordarás que puedes sobrevivir a esta situación.

Fuente: Massimo Pigliucci, autor del libro "Cómo ser un estoico: usando la filosofía antigua para vivir una vida moderna"

LAS MEDITACIONES DE MARCO AURELIO

"Meditaciones" fue el legado estoico que nos dejó Marco Aurelio. Una obra maestra en la que el emperador romano se escribía a sí mismo para forzarse a ser mejor ciudadano, mejor emperador y, sobre todo, mejor persona.

De hecho, es con esta y no otra la intención con la que hay que leerlo.

He cometido el error de leer este tratado con otra óptica, la de pensar que la escribe para los demás. Sin embargo, como realmente me impactó fue cuando lo leí desde el punto de vista que más sentido tiene y que más justicia le hace: que en realidad se está hablando a sí mismo, y que son sus reflexiones sobre cómo ser mejor. Increíble.

El escrito se compone de 12 tomos (o libros). He decidido desgranar algunos, extrayendo y comentando las líneas que más me han impactado a mí. Es decir, lo que está en letra cursiva es texto original del libro, y lo que hay debajo de cada línea en letra normal son mis comentarios a dicho texto.

Te ruego que no interpretes estos comentarios en un sentido absoluto ya que, como hacía el propio Marco Aurelio, tan solo se trata de apuntes personales para mí, y que comparto contigo porque creo que pueden aportarte valor.

Creo que la manera más útil de que tú le puedas sacar el máximo provecho a este libro y textos de Marco Aurelio, es que extraigas tus propias conclusiones basadas en tu experiencia vital.

Meditaciones – Libro I

– De Rústico: la lectura con precisión, sin contentarme con unas consideraciones globales, y el no dar mi asentimiento con prontitud a los charlatanes.

La lectura profunda y con precisión es posiblemente una de las habilidades más infravaloradas. Sin embargo, ¿no es así como realmente discernimos qué nos sirve y qué no? ¿No es así como más aprendemos? ¿Qué puedes hacer para leer de forma más precisa?

– De Apolonio: la libertad de criterio, y no dirigir la mirada a ninguna otra cosa más que la razón.

Dejando de lado las emociones y atendiendo a la razón, es como realmente podemos ver el espíritu de las cosas. Pregúntate: ¿qué emoción me está nublando la vista ante esta situación?

– De Sexto: la tolerancia con los ignorantes y con los que opinan sin reflexionar, y la capacidad de descubrir con método inductivo y ordenado los principios necesarios para la vida.

El aprendizaje aquí para mí es respetar las opiniones de los demás. Es posible que opinen eso porque no tienen la suficiente información, o porque sus condicionamientos les impiden ver otro punto de vista. Igual que es posible que ellos estén viendo algo que yo no veo y sea yo el que está en el error. Después de eso, reflexionar sobre lo expuesto (método inductivo) y sacar mis propias conclusiones. ¿Cómo mejoraría tu pensamiento crítico si haces esto?

– De Alejandro, el gramático: la aversión a criticar.

La crítica (entendida como destructiva) no lleva a nada. Entonces, ¿para qué criticar?

– De Máximo: que nadie se creyera menospreciado por él ni sospechara que se consideraba superior a él.

Fundamental para desarrollar relaciones duraderas. Tratar a los demás como iguales (porque lo son) y no adoctrinar. El respeto al prójimo como se merece. ¿Te gustaría que a ti te trataran así?

Meditaciones – Libro II

– Al despuntar el alba, hazte estas consideraciones: me encontraré con un indiscreto, un ingrato, un insolente, un mentiroso, un envidioso, un insociable … y yo no puedo recibir daño de ninguno de ellos, pues hemos nacido para colaborar.

A lo largo del día seguro te vas a encontrar con algo/alguien que te desagradará. Está dentro de tu esfera de control cómo reaccionar ante tal evento, así que reacciona con normalidad y colabora con ellos. Haz tu trabajo. ¿Serás capaz de hacer esto sin perder el control de tus emociones?

– A todas horas, preocúpate resueltamente, de hacer lo que tienes entre manos con puntual y no fingida gravedad. Con amor, libertad y justicia. Y conseguirás todo propósito, si ejecutas cada acción como si fuera la última de tu vida.

Concéntrate en la tarea que tengas entre manos. Deja el teléfono móvil a un lado, márcate plazos y descansos planificados. Mientras estés haciendo algo, hazlo. No hagas dos cosas a la vez y no te distraigas. Cuando termines, date un premio y continúa. ¿Cuánto mejorarían tu productividad y tus resultados si dejaras a un lado las distracciones?

– En la convicción de que puedes salir ya de la vida, haz, di y piensa todas y cada una de las cosas en consonancia con esa idea.

Vas a morir, tarde o temprano. Por lo tanto, no pierdas el tiempo y haz lo que has venido a hacer. Dile a tus seres queridos que los quieres, sé profesional en tu trabajo y sé un ciudadano consciente. ¿Cómo mejoraría tu vida si actúas en consonancia con el hecho de que puedes morir dentro de una semana?

Meditaciones – Libro III

– Recuerda que cada uno vive exclusivamente el presente, el instante fugaz. Lo restante, o se ha vivido o es incierto.

El presente es todo lo que tenemos en nuestra vida. El pasado se fue, el futuro aún no está aquí. Vive en el momento presente. ¿Qué vas a hacer para darte cuenta de cuando estás distraído?

– Si ejecutas la tarea presente siguiendo la recta razón, diligentemente, con firmeza, con benevolencia y sin ninguna preocupación accesoria, vivirás feliz.

En clara consonancia con el precepto del Libro II y con el anterior. Céntrate en lo que estás haciendo y deja las distracciones a un lado.

Meditaciones – Libro IV

– Se buscan retiros en el campo, en la costa y en el monte. Tú también sueles anhelar tales retiros. Pero todo eso es de lo más vulgar porque puedes, en el momento que te apetezca, retirarte en ti mismo. En ninguna parte se retira un hombre con mayor tranquilidad y más calma que en su propia alma.

No necesitas ir a ningún lado para desconectar. Si estás estresado, te lo llevarás contigo allá donde vayas, sea lejos o cerca. Lo que sí puedes hacer para gestionar el estrés a diario es cerrar los ojos, concentrarte en tu respiración, observar tus pensamientos de estrés y dejarlos ir. Prueba 30 días y saca tus propias conclusiones.

– La tolerancia es parte de la justicia, sus errores (de los hombres) son involuntarios.

La gente no se equivoca queriendo, ni para molestarte a ti especialmente. Piensa en cuando tú te equivocas en algo, ¿lo hiciste a propósito? Sé tolerante con los demás, pues tienen el mismo derecho a equivocarse que tú.

– Recuerda dos cosas:

1) Las cosas no alcanzan al alma, sino que se encuentran fuera, desprovistas de temblor, y las turbaciones surgen de la única opinión interior.

2) Todas esas cosas que estás viendo, pronto se transformarán y ya no existirán.

Tú tienes el control sobre cómo reaccionas ante los eventos externos. Las cosas en sí no son ni buenas ni malas, simplemente son. Que llueva hoy puede ser bueno para ti y malo para otro. Sabiendo eso, ¿qué vas a hacer al respecto?

– Ama, admite el pequeño oficio que aprendiste, y pasa el resto de tu vida sin convertirte en tirano ni en esclavo de ningún hombre.

Descubre qué es lo que sabes hacer mejor que nadie y averigua cómo puedes ganarte la vida con ello. Sólo así serás realmente libre y no tendrás que estar en ningún sitio que no quieras estar a la hora que te dicten los demás.

– ¿Qué es, entonces, lo que debe impulsar nuestro afán? Un pensamiento justo, unas actividades consagradas al bien común, un lenguaje incapaz de engañar, y una disposición a abrazar todo lo que acontece.

Sé transparente, pero actúa con respeto. Sé justo con las personas. Si no puedes controlar lo que viene, abrázalo y acéptalo tal y como es.

(Marco Aurelio)

- Soy afortunado porque, a causa de lo que me ha ocurrido, persisto hasta el fin sin aflicción, ni abrumado por el presente ni asustado por el futuro. Porque algo semejante pudo acontecer a todo el mundo, pero no todo el mundo hubiera podido seguir hasta el fin, sin aflicción, después de eso.

Si lo que tú has conseguido lo hubiera hecho otra persona, ¿le darías más valor? Recuerda: el césped del jardín del vecino siempre parece más verde que el nuestro. Valora lo que has sacado adelante, no le quites importancia porque lo hayas hecho tú.

- Acuérdate, a partir de ahora, en todo suceso que te induzca a la aflicción, de utilizar este principio: no es eso un infortunio, sino una dicha soportarlo con dignidad.

Sé digno de ti mismo. Muéstrate vulnerable ante los demás si es necesario, pero no pierdas tu dignidad.

FRÍOS Y CONFORMISTAS: ¿QUÉ DICEN LOS CRÍTICOS DEL ESTOICISMO?

La importancia que los estoicos le dan al uso de la racionalidad en la vida diaria terminó creando una imagen del estoico como una persona fría, desconectada de sus sentimientos.

En el inglés moderno, el estoico al final se convirtió en sinónimo de una persona reprimida y sin emociones. Pero el estoicismo, la escuela filosófica de la antigüedad, es mucho más sofisticada y tiene una teoría psicológica mucho más compleja.

Lo que se busca, no es la ausencia de emociones, sino el control de las mismas.

Los críticos dicen que, al proponer que dejemos de lado y aceptemos todo lo que es externo, que está fuera de nuestro control, esta filosofía genera personas políticamente apáticas y conformistas.

En una columna de la revista británica The New Statesman, el filósofo Jules Evans refuta esta idea.

"El estoicismo crea individuos que no pueden ser intimidados por los poderosos porque no temen abandonar todo o morir", afirma Evans.

"De hecho, su filosofía los adiestra para abandonar la vida sin temor ni pesar, para defender sus principios racionales por encima de cualquier amenaza o soborno".

Filosofía Vikinga

La mitología nórdica a la par de las costumbres de los vikingos contiene relatos sangrientos, bárbaros y despiadados, se nos describe a los vikingos como hombres salvajes que sólo comían, peleaban y hacían sacrificios.

Pero qué tal si nos ponemos a pensar en su forma de ser desde un punto de vista más filosófico, tomando únicamente el pensamiento separado de su devoción a sus Dioses.

"Muere en batalla y ve al Valhalla"

Esta es una frase que ellos tenían muy marcada en su vida diaria, desde que son niños se les inculcaba que debían morir de una forma heroica en batalla para ser reclamados en el reino de Odín, esperando y entrenando para pelear junto a los Dioses en el Ragnarok.

Pero más que la mitología que arrastra aquella frase, simboliza el no temerle a la muerte y dar todo de ti, el no huir de la muerte, sino que glorificarla y en el proceso, aunque parezca irónico, vivir, porque mucha gente le teme tanto a morir que se le olvida vivir su vida, es una forma de pensar estilo "Si va a pasar, lo hará", sin embargo, ellos buscaban protegerse en batalla y trataban de no morir, lo cual también nos da a entender de que hagas todo lo que quieres hacer, sin miedo, pero con precaución.

"Sacrifico esta cabra para que nos ayudes Thor"

Más que un sacrificio, ellos comprendían un concepto muy importante en la vida: reciprocidad.

Ellos no pedían ayuda a su Dios y esperaban a que hicieran algo, ellos daban una vida a cambio, tallaban su figura en escultura, ponían nombres a sus hijos en cosas relacionadas al Dios que pedían ayuda, a cambio de que este los ayudara o protegiera, ellos comprendían que en el pedir está el dar y no esperaban nada regalado, no eran egoístas.

"Ragnarok: El destino de los dioses, la batalla del fin de los mundos"

No sólo significaba una batalla, era más que eso, simbolizaba el fin de algo, y el renacimiento de algo mejor, en los últimos días, cuando todos los dioses cumplieron su destino, Baldur, el hijo favorito de Odín encontrará las piezas de ajedrez, Dioses contra Jotun, Surt, los hijos de Loki, y el juego empezará de nuevo, significa que después de una guerra, después de que crees que todo está perdido, es momento de levantarse e iniciar todo de nuevo.

Por eso, la filosofía de los nórdicos tiene puntos excelentes para adaptar y ser adoptada por todos, para de verdad vivir.

5 ENSEÑANZAS DE LOS VIKINGOS

1. UTILIZA TU DEBILIDAD EN BENEFICIO PROPIO.

Todos tenemos defectos y muchas veces dejamos que los demás los usen en nuestra contra, cuando esto suceda o alguien planeé usarlo como arma contra ti, no te rebajes a su nivel de pelear. Lo mejor que puedes hacer es sacarle ventaja, bien dicen que, si no puedes contra tu enemigo, te unas a él.

2. SI PREFERIRÍAS ESTAR HACIENDO OTRA COSA, HAZLA.

Para los Vikingos lo peor que podía pasarles era llegar a viejo y morir sin cumplir sus sueños. Su paraíso (el Valhalla) era la recompensa por el valor que desempeñaron en su tiempo en la tierra. No te quedes en un lugar donde no eres feliz, no pongas el dinero, los lujos por delante de tu felicidad.

3. LOS VISIONARIOS A VECES MIRAN HACIA ATRÁS.

Necesitas voltear hacia el pasado para ver los errores que cometiste y no volverlos a hacer. También necesitas voltear hacia atrás para ver si el camino que estás tomando es el correcto o el que tenías planeado. No tiene absolutamente nada de malo mirar hacia el pasado, siempre y cuando no te quedes en él.

4. DALE PODER A TUS MUJERES.

A tu esposa, a tu madre, a tu hermana... A veces la opinión externa puede ayudarnos a ser más objetivos o ver la situación desde otra perspectiva. Las mujeres vikingas tenían derecho a la herencia desde el año 400, así que asegúrate de incluir de ahora en adelante a las mujeres en tus decisiones.

(**Nota Personal**: Cuando encuentras a una mujer que valga la pena, una guerrera y no una "feminista moderna" ... entonces vale la pena escuchar sus palabras para tener otra perspectiva del problema)

5. INCLUSO EN UNA GUERRA DE PALABRAS, LAS ACCIONES VALEN MÁS.

Siempre lo han dicho, un hecho vale más que mil palabras y, quien mucho halaga de ser el mejor, es quien menos tiene para ofrecer si no va acompañado de un hecho o una acción. Si vas a hablar de lo que haces y eres capaz, asegúrate de que vaya acompañado de hechos verídicos que te respalden.

PROVERBIOS VIKINGOS

"Si comes cerezas con los poderosos te arriesgas a que los huesos lluevan contra tu nariz". ·

Un refrán muy utilizado por mucha gente dice 'dime con quién andas y te diré quién eres'. Los vikingos ya eran conscientes de ello. Las amistades peligrosas, especialmente con gente poderosa, podían tener funestas consecuencias para el humilde, el débil, el que tenía todas las de perder a la hora de la verdad.

"Antes de entrar en un lugar, fíjate por dónde se puede salir".

Además de grandes guerreros, los vikingos eran sabios, y eso les hacía previsores. Por eso, cuando accedes a un lugar, entras en una conversación, consigues un nuevo trabajo o pones en marcha un negocio, por poner varios ejemplos sencillos, **guarda siempre un plan de escape**. Mira bien cómo puedes salir de cualquier lugar, espacio, empleo, negocio, etc., si no quieres encontrarte en un callejón sin salida posible.

"Si consigues encontrar a un amigo leal y quieres que te sea útil, ábrele tu corazón, mándale regalos y viaja a menudo a verle".

La civilización vikinga valoraba mucho la amistad, la camaradería y el compañerismo. De sus proverbios observamos la importancia que daban al cuidado del círculo de apoyo entendiendo el valor que este representa.

"No hay mejor equipaje para llevar encima que la cordura y la mente clara. En tierras lejanas es más útil que el oro y saca al pobre de los apuros".

También encontramos que los proverbios vikingos nos recuerdan la importancia de ser sensatos y coherentes.

Ni todo el dinero del mundo puede ser tan útil como el uso de la inteligencia y la sabiduría para salir de cualquier problema o embrollo, incluso en los confines del mundo, pues esta civilización poseía algunos de los marineros más atrevidos, capaces de alcanzar las costas americanas antes que Cristóbal Colón.

"Vive con ilusión mientras estés vivo, el ágil siempre sale adelante. Vi las llamas de una mansión, pero en la puerta yacía un muerto".

También hay que recordar que los vikingos eran amantes de la buena vida, la buena mesa y el disfrute. Para ellos, la vida era un camino hacia adelante y la muerte un salto natural, pues ahí les esperaba el Valhalla de los guerreros.

"La casa del que se burla, acaba incendiándose".

Podemos interpretar este proverbio vikingo de diversas formas. Por un lado, nos habla de prudencia. Por otro, nos recuerda a aquel dicho que afirma que 'si ves las barbas de tu vecino quemar, pon las tuyas a remojar'. Mejor ser prudentes y ecuánimes en la vida.

"Mejor pájaro libre que rey cautivo".

Terminamos con un sabio proverbio que más de uno ha usado en sus diversas acepciones y fórmulas. Nos recuerda que para conservar unos derechos o dar forma a unos deseos en muchas ocasiones tendremos que renunciar a otros. Así, es probable que en muchas ocasiones se nos presente la tentación de renunciar a la libertad, de sacrificarla momentáneamente. Este, el último de los proverbios vikingos, nos invita a la reflexión antes de hacerlo.

RAGNAR LODBROK
ASCENSO, AMBICIÓN Y CAÍDA

Nada como la historia y mitología nórdicas, para estimular la imaginación y evocar los arquetipos junguianos. Y de entre todas las series de televisión y todos los protagonistas inspiradores, destaca el líder vikingo que nace granjero y muere rey, después de haber asolado Europa con sus hordas invasoras.

Esta es la historia protagonizada por Ragnar Lodbrok en la serie Vikingos. Es un personaje que reúne múltiples características que lo convierten en un líder fascinante: creatividad, inconformismo, exploración, osadía...

Se trata de un líder que se cuestiona lo establecido. Precisamente por eso todos los poderosos que encuentra en su camino tratan de acabar con él, porque no hay nada más amenazador que alguien capaz de replantear todas las cosas. Eso es, a la vez, lo que le vale el compromiso, ilusión y lealtad de los suyos, hombres y mujeres por igual. Ragnar es, sin duda, un líder que trae el cambio, un game changer.

No acepta los límites, los *no se puede hacer*, los imposibles. Ragnar inventa de la nada, construye soluciones para conseguir sus objetivos. No le gustan las intrigas, aunque en eso tampoco es manco, pero Lodbrok siempre intenta ir de cara. Aunque no lo rehúye, no busca el conflicto y no ambiciona el poder. Como líder, solo ambiciona libertad para romper cuantas barreras encuentre, porque es una persona con ideas, con un proyecto y con una visión que quiere alcanzar, ambiciona el conocimiento. Él nació para desafiar los límites.

De granjero se convierte directamente en conde al desafiar y matar al anterior noble, un hombre conservador que no sabía soñar y no quería que él soñara. Y luego se convierte en rey al acabar con el anterior monarca, con el que se había asociado honestamente, al descubrir cómo planeaba eliminarle. Tal y como sigue ocurriendo hoy en día, el clavo que sobresale siempre recibe un martillazo.

Pero, Ragnar es un líder que aprende rápidamente de sus errores, y los corrige sin parpadear. Si alguien le traiciona, muere, a veces de maneras espeluznantemente sangrientas, lo cual contribuye a su fama. De ese modo, se va labrando algo muy importante en cualquier líder y en cualquier negociador: una reputación inequívoca. Uno sabe que Lodbrok es hombre de palabra, que respeta la honestidad y admira la osadía, y sabe que si alguien intenta traicionarle... muere.

Un aspecto muy importante del personaje es que, para el rey vikingo, el poder no es un refugio, pues sigue luchando en primera línea con sus hordas. Él no ambiciona el poder por el poder. Solo es un medio para cumplir sus sueños de aventurero y explorador.

Su concepción del poder se resume en una de las frases más significativas que se hayan escuchado en una serie televisiva:

"El poder solo se concede a aquellos que están dispuestos a ponerse de rodillas para cogerlo".

Los poderosos siempre son esclavos de otros poderosos. Si tu poder emana de otro, entonces no es tuyo realmente. Por eso Ragnar detesta el poder, aunque lo acepta como algo necesario.

El personaje sabe, soñar e inspirar, es lo que hoy en día llamamos un líder resonante. Le mueve un deseo de hacer cosas mejores, más grandes, cosas que cambien la historia. Es un vikingo, no lo olvidemos, quiere tesoros, saquear e impresionar al dios Odín en el Valhalla. Ese deseo de superarse a sí mismo, de romper sus límites junto con sus hombres, es precisamente lo que le vale la lealtad de los suyos. Ellos saben que es un líder al que vale la pena seguir.

Pero no queda ahí la cosa. Estamos ante un líder verdaderamente complejo. Además de todo lo ya dicho, estamos ante un guerrero creativo, que idea nuevas maneras de conseguir las cosas, como cuando conquista París haciéndose pasar por muerto y solicitando ser enterrado dentro de sus muros (pues antes de morir se había convertido al cristianismo). Así, una vez dentro, surge de su ataúd espada en mano, desarma al monarca y conquista la ciudad francesa sin derramar sangre. Jaque mate. La creatividad al poder.

Y más allá, Ragnar es un líder que ambiciona comprender el mundo que le rodea. En términos actuales, podríamos decir que es un learnaholic, es decir, un alcohólico del aprendizaje. Descubre fascinado la utilidad de una brújula y lo primero que hace con ella es guiarse por mar hasta llegar a las costas británicas e invadir Inglaterra. Una brújula le vale un tesoro. El ROI (Return On Investment) de Ragnar Lodbrok es astronómico. También aprende idiomas cuando puede, llevado por su sed de aprendizaje.

Ragnar Lodbrok no es un líder por su sed de poder, sino que es un líder natural, es decir, su estructura mental exploradora, constructora, imaginativa, creativa, inspiradora, le llevan de manera natural al poder.

En su redención, esa curiosidad inicial ha desembocado en el desencanto y en el escepticismo. Ragnar ya no cree en nada: ni en el cielo cristiano, ni en el Valhalla nórdico.

Así lo vemos en la excepcional conversación con Ecbert. "¿Qué ocurriría si no existiera ningún dios? ¿Qué pasaría si, tras la muerte, no existiera nada?"

Ecbert: ¿Tenemos qué hablar de la muerte?

Ragnar: La muerte ha sido lo más importante en mi mente durante toda mi vida.

Ecbert: Los vikingos sois incorregibles... Nacéis con solo una cosa en mente: ¡Como morir! ¿Qué pasa con todas las cosas que hay en medio?

Ragnar: Y, ¿qué pasa si tú Dios no existe?

Ecbert: Mi querido amigo, ¿de qué estás hablando?

Ragnar: Tú Dios, mis Dioses... ¿Y si no existen?

Ecbert: Si Dios o los Dioses no existen, entonces nada tiene sentido...

Ragnar: ... O todo tiene sentido.

Ecbert: ¿Qué rayos significa eso?

Ragnar: ¿Por qué necesitas a tu Dios?

Ecbert: Pues si no hubiera Dioses, nada importaría. Podrías hacer lo que quisieras y nada sería real. ¡Nada tendría sentido ni valor! Así que, incluso si los Dioses no existen, aún es necesario tenerlos.

Ragnar: Si no existen, pues entonces no existen. Tenemos que vivir con ello.

Ecbert: Oh sí, pero tú no. Tú no puedes vivir con ello, tú solo piensas en la muerte. ¡Tú solo piensas en el Valhalla!

Ragnar: ¡Y tú solo piensas en el Cielo! El cual parece un sitio ridículo, dónde todo el mundo es feliz…

Ecbert: ¡El Valhalla es ridículo! ¡Todos los guerreros muertos vuelven a luchar cada mañana y se matan de nuevo! Y después todos cenan juntos…

Ragnar: Entonces, los dos son ridículos.

Este diálogo, merecedor de un análisis independiente nos lleva a cuestiones trascendentales, a reflexionar sobre nuestro propio libre albedrío, sobre el destino… Finalmente, en su camino hacia la muerte, Ragnar mantiene otro exquisito diálogo con el adivino acerca de la libertad de su destino, cuestionando la veracidad de sus afirmaciones.

Ragnar Lodbrok es un personaje que, además de hacernos disfrutar con sus hazañas, nos conduce a un final épico, cargado de potentes reflexiones que nos invitan a trazar nuestro propio destino.

Hombre Alfa vs Hombre Sigma

Es posible que hayas oído hablar de un hombre alfa, confiado y social, una o más veces en tu vida.

Este tipo de personalidad es el centro de atención tanto de hombres como de mujeres. A los hombres se les enseña a comportarse como alfas, sin embargo... ¿Hay otras opciones?

¿QUÉ ES EL MACHO ALFA?

Nosotros siempre hemos dicho que un Hombre Alfa es alguien que tiene objetivos de vida, tienes sus cualidades como hombre desarrolladas, una seguridad e imagen personal fuertes, pero también hay algunos hombres que adoptan una actitud dominante y arrogante que a largo plazo hace que la gente se aleje porque no le soportan.

Personalidad alfa es sinónimo de líder. Ser un líder no tiene nada que ver con ser controlador y agresivo, algo que hoy en día se tiende a identificar como si fuera señal de capacidad y poder. Un líder no se impone, sino que es el grupo el que otorga el reconocimiento de liderazgo a la persona para que ejerza como líder, ya que se considera que será beneficioso para el grupo. No dan ordenes, tienen mayor libertad para elegir y decidir y el resto le sigue.

Con respecto a la personalidad alfa existe mucha confusión. Normalmente, la "tendencia" es pensar en una personalidad avasalladora, que puede con todo, sin límites. El comportamiento de muchos hombres que se creen "Alfa" es agresivo, cortante y arrogante.

ASÍ ES EL VERDADERO MACHO ALFA

El genuino líder de una manada de lobos es empático y respetuoso, lejos del estereotipo de padre, jefe controlador y agresivo... con el que se identifican muchos hombres.

Los hombres se sienten a menudo presionados para comportarse como machos alfa. Macho alfa evoca la imagen del padre que deja claro en todo momento que tiene el control total de su hogar y que, lejos de su guarida, se convierte en un jefe malhumorado y agresivo.

Pero ese estereotipo es una mala interpretación de cómo se comporta el genuino macho alfa en una familia de lobos, que es un modelo de conducta masculina ejemplar. En mis observaciones de los lobos que viven en manadas, he visto que los machos que mandan no lo hacen de forma forzada, ni dominante, ni agresiva para con los que le rodean. Los lobos auténticos no son así.

El macho alfa puede intervenir de forma decisiva en una cacería, pero, inmediatamente después de la captura, irse a dormir hasta que todo el mundo está saciado. "La principal característica de un lobo macho alfa", dice el guardabosques y veterano estudioso de esta especie Rick

McIntyre, "es una confianza y seguridad en sí mismo".

"Sabe lo que tiene que hacer; sabe lo que más conviene a su manada. Da ejemplo. Se siente a gusto. Ejerce un efecto tranquilizador". En definitiva, el macho alfa no es agresivo, porque no necesita serlo.

"Piensa en un hombre seguro de sí, o en un gran campeón; ya ha demostrado todo lo que tenía que demostrar. Imagínatelo así: piensa en dos manadas de lobos, o dos tribus humanas. ¿Cuál tiene más probabilidades de sobrevivir y reproducirse, el grupo cuyos miembros cooperan, comparten y se tratan con menos violencia unos a otros, o el grupo cuyos miembros están atacándose y compitiendo entre sí?".

Rick lleva 15 años observando la vida diaria de los lobos, y asegura que un macho alfa no ejerce casi nunca ningún comportamiento agresivo respecto a los demás miembros de la manada, que comprende su familia, es decir, su pareja, sus hijos, tanto biológicos como adoptados, y tal vez un hermano.

Ahora bien, saben ser duros cuando es necesario. Hubo un lobo famoso en Yellowstone —el 21, así llamado por el número de su collar—, a quien la gente que seguía de cerca su trayectoria consideraba un súper lobo. Defendía ferozmente a su familia y, al parecer, nunca perdió una riña con una manada rival. Pero uno de sus pasatiempos favoritos era pelear con los cachorros de su manada. "Y lo que de verdad le gustaba hacer era dejarse ganar", dice Rick.

Aquel gran lobo macho dejaba que un lobezno diminuto se le tirara encima y le diera mordiscos. "Entonces él se dejaba caer patas arriba". "Y el pequeñajo, con aire triunfador, se erguía sobre él sin dejar de menear la cola".

En una ocasión, había un cachorro algo más enclenque de lo normal. Los demás cachorros lo veían con desconfianza y no querían jugar con él. Un día, después de llevar comida a los loboznos, el súper lobo se puso a mirar a su alrededor. De pronto, empezó a mover el rabo. Estaba buscando al cachorro y, al encontrarlo, se acercó a estar un rato con él. Con todas las historias de victorias que cuenta Rick del súper lobo, esta anécdota es su preferida.

La fuerza nos impresiona, pero lo que deja un recuerdo indeleble es la bondad.

Si uno observa a los lobos, no sólo con toda su belleza, su flexibilidad y su capacidad de adaptación, sino también con su violencia a la hora de defenderse y de cazar, es difícil evitar la conclusión de que no existen dos especies más parecidas que los lobos y los humanos.

Teniendo en cuenta que vivimos en grupos familiares, nos defendemos de los "lobos" humanos que nos rodean y controlamos a los "lobos" que llevamos en nuestro interior, es normal que reconozcamos los dilemas sociales y las búsquedas de estatus de los lobos de verdad.

No es extraño que los indios norteamericanos consideraran a los lobos como almas gemelas. Pero es que las similitudes entre los machos lobos y los humanos son asombrosas. Hay muy pocas especies en las que los machos proporcionen comida y protección a las hembras y las crías durante todo el año. Las aves llevan comida a sus hembras y sus polluelos sólo durante la época de cría.

Entre algunos peces y algunos monos, los machos cuidan de sus hijos, pero sólo mientras son pequeños. Los micos nocturnos transportan y protegen a sus recién nacidos, pero no les dan de comer.

Ayudar a obtener comida durante todo el año, llevársela a los recién nacidos, ayudar a criar a los hijos durante varios años hasta que alcanzan la madurez y defender a las hembras y a los jóvenes todo el tiempo contra los individuos que amenazan su seguridad, son un conjunto de atributos poco frecuentes en un macho.

Los humanos y los lobos, y poco más. Y el más fiable, el más seguro, no es el humano. Los lobos machos cumplen mejor sus obligaciones, ayudan a criar a sus hijos y ayudan a las hembras a sobrevivir con una lealtad y una devoción modélicas.

Claramente en este punto muchos hombres pueden decir: "Pero es que con las mujeres actuales no vale la pena la lealtad"

Este punto lo hablaremos más adelante en un capítulo completo sobre el tema de las "mujeres actuales". En este capítulo nos estamos enfocando en ver las cualidades de un Alfa en la naturaleza y el lobo es uno de los ejemplos más claros.

En conclusión: al estereotipo de macho alfa no le vendría mal una corrección.

Los verdaderos lobos nos pueden enseñar varias cosas: a gruñir menos, tener más confianza, dar ejemplo, mostrar una fiel devoción al cuidado y la defensa de las familias, respetar a las hembras, compartir sin problemas la crianza. En eso consistiría ser un verdadero macho alfa.

Fuente: *Beyond Words; What Animals Think and Feel* **de Carl Safina** escritor, ecologista y profesor.

¿QUÉ ES EL HOMBRE SIGMA?

¿Hombre sigma? Según distintos análisis de contenido web, se trata de un término que, si bien existe desde 2010, ha ganado tracción en la web en los últimos años.

Un hombre sigma es un hombre que no necesita la validación de otras personas.

No es ruidoso ni temerario, sino tranquilo y sereno. Un hombre sigma es introvertido pero seguro. Los sigmas están fuera de lo habitual y, por lo general, no encajan en los grupos porque ellos mismos son poco comunes.

Los hombres sigma y los hombres alfa son similares y comparten muchas características comunes. Ambos confían en sus elecciones de vida y apuntan alto. La principal diferencia radica en su actitud. Los sigmas eligen estar apartados de un orden jerárquico, mientras que los alfas prefieren estar en la cima. Estos últimos logran el éxito subiendo la escalera jerárquica. Los sigmas, por otro lado, no pertenecen a ninguna tribu. Hacen todo por su cuenta.

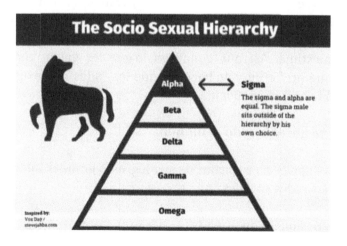

RASGOS DE UN HOMBRE SIGMA

No les importan las expectativas.

Los alfas están en la parte superior, los betas son seguidores y los sigmas, bueno, simplemente no encajan en el molde. La jerarquía no es nada para ellos, y todas las normas y tendencias que establece la sociedad (y los alfas en particular) no tienen sentido para los sigmas. No puedes decirles cómo vestirse o cómo actuar. Ellos hacen lo que quieren.

Les gusta romper las reglas.

Al igual que los alfas, los hombres sigma luchan con la autoridad. Los sigmas suelen trabajar por su cuenta y tienen en alta estima la paz y la flexibilidad. Es mejor para ellos trabajar solos porque no tienen problemas para administrar su tiempo y organizarse.

No buscan validación.

Los hombres sigma no dependen de los lujos para sentirse completos y exitosos. No intentan validarse a sí mismos con cosas caras porque entienden que las cosas materiales no pueden sustituir una buena autoestima. Así que conducen lo que les gusta, visten lo que prefieren y no hacen lo que los "alfas" les exigen. "Tú lo haces" es su lema.

No se abren a todo el mundo.

Los sigmas no se jactan de sus logros o grandes sueños en las redes sociales.

Sus pasiones son privadas.

La gente a menudo los encuentra cautelosos y reservados.

Se necesita mucho tiempo para conocer a los sigmas. No sienten la necesidad de compartir su información personal.

Son líderes, pero son discretos.

Los hombres sigma son lobos solitarios, sin embargo, dadas las circunstancias adecuadas, se convierten en poderosos líderes. Inspiran a otros con su pasión y dedicación. Los sigmas en posiciones altas nunca lucen inalcanzables y poderosos, por eso son respetados igualmente.

Le dan prioridad a su propio estilo de vida.

Los sigma son exigentes con sus rutinas y nada es peor para ellos que una persona controladora. No se adhieren a las expectativas de otras personas. Los sigma cambian solo si realmente lo desean.

Son introvertidos y confiados.

A los sigma no les gusta estar en el centro de atención y prefieren pasar tiempo a solas. Aunque a menudo pasan desapercibidos, tienen tanta confianza como los alfas. Lo único que los distingue es la extroversión de los alfas.

El espacio personal es vital.

Los hombres sigma requieren mucho espacio personal para satisfacer su objetivo de aprender y alcanzar sus metas. De repente pueden hacer cambios radicales, como desaparecer para perseguir su pasión.

Los sigma no permiten que nadie se interponga en su camino.

¿POR QUÉ SON TAN POPULARES?

Un hombre sigma tiene un velo de misterio a su alrededor, lo que lo hace intrigante. Es difícil ignorar su inteligencia e independencia.

Un sigma nunca sigue a la multitud y no busca aprobación. Esto es lo que hace que este tipo sea tan atractivo tanto para hombres como para mujeres. Por otro lado, podría ser simplemente otra tendencia que pasará de moda.

La definición de un hombre sigma ha causado mucho revuelo en línea. Algunos hombres piensan que es ridículo, mientras que otros buscan formas de convertirse en uno.

SIGMA VS ALFA

Acabamos de ver todas las características de un hombre alfa y un hombre sigma. Siendo directos estas 2 versiones son prácticamente iguales con un rasgo en particular que define a cada una... y es la parte social, el ser extrovertido o introvertido.

El Alfa por lo regular le gusta estar en sociedad, con amigos, salir y conocer. En cambio, el Sigma le gusta más la soledad y ser más discreto.

Vamos a analizar esto por puntos:

1. **El valor del silencio.**

Los machos Alfa como ya hemos dicho les gusta estar en sociedad, les gusta hablar y ser escuchados. Son activos para el público y están rodeados de personas, les gusta ser líderes... guiar y ser un ejemplo.

En cambio, un macho Sigma son todo lo contrario en ese sentido. Les gusta y respetan el silencio, aprecian un entorno tranquilo.

Pueden actuar mejor sin público y rara vez hacen cosas para el reconocimiento público.

2. Flexibilidad y dominio

Los machos Alfa por lo regular les gusta competir y dominar su entorno actual. Por eso, en el trabajo, tienden hacer competitivos y ambiciosos. No se desenvuelven bien en grupos donde no son los líderes.

A los machos Sigma no les importa el dominio y la jerarquía. Actuarán al margen de las estructuras y la jerarquía conocidas para obtener los mejores resultados posibles. Su visión de las personas se basa más en un conjunto de valores y no ven a los demás como competencia o amenaza. También son más flexibles y no les importa trabajar en equipo, pero se desenvuelven mejor trabajando solos.

3. Validación Social

Los Alfa suelen ser vistos como dominantes y líderes, pero en su jerarquía social establecida. Tienen que ver cuál es el juego, jugarlo y ganarlo para convertirse en Alfas. Estos hombres tienen una gran autoestima e infunden respeto en los demás.

Los hombres Sigma difieren de la validación social y la jerarquía significa poco o nada para ellos. No quieren ser parte de ningún juego social o de poder. También se preocupan menos por como los ven los demás y, en cambio, obtienen su autoestima de sus valores.

4. Pertenencia

Un Alfa es un Alfa si está en la cabeza de la manada. Por lo tanto, necesitan liderar o dominar su entorno.

Un Sigma funciona mejor en solitario, sin depender de nadie en absoluto, esto les da una mayor libertad social, no tiene ansias de asumir el liderazgo ni el dominio, pero puede asumir la responsabilidad si es necesario.

5. Discreción y humildad

Dada la alta autoestima del Alfa, tiende a mostrar su personalidad y logros.

Los Sigmas hacen el trabajo lo mejor que pueden y no les importa los elogios ni la opinión pública. Su necesidad de aprecio termina en que se les vea como personas que pueden hacer un buen trabajo.

6. Percepción

Los hombres Alfa se caracterizan por ser competitivos y activos en personalidad y socialmente, la gente suele ver a un alfa como un líder nato.

Los Sigma son más difíciles de leer para la mayoría de la gente, se les ve como lobos solitarios, independientes y también los pueden ver como antisociales.

¿CUÁL ES MEJOR DE LAS 2?

Ninguna es mejor que otra, las 2 personalidades tienen pros y contras. Todo depende del tipo de hombre que seas tú, de tus rasgos, de lo que te gusta y de lo que quieres llegar a ser en la vida.

Ten en cuenta igualmente que en el mundo laboral y empresarial te puede beneficiar tener un rasgo social más activo ya que solo con "trabajo duro" no lograrás conseguir un mejor puesto o sueldo.

Si eres más introvertido como un Sigma y estas en el mundo laboral te recomiendo ser social con las personas correctas y establecer contactos clave.

Al final en ambos casos lo mejor es trabajar, pero al mismo tiempo forjar un emprendimiento de algo que te apasione y seas bueno.

Pero eso lo hablaremos más adelante...

Las Virtudes de un Hombre

Las virtudes son aquellas disposiciones que hacen que las personas obren a partir del bien, la justicia y la verdad. Por eso, conllevan a la rectitud de la voluntad y alejan a las personas de los vicios.

Para filósofos como Aristóteles y Platón, las virtudes determinan las buenas acciones, conductas y hábitos en las personas.

Las virtudes son la clave para la mejora del hombre a nivel de su naturaleza y de su esencia. Dicho de otra forma, son la puerta de entrada para el crecimiento constante del hombre. Son los valores puestos en práctica, por ende, tienen que trabajarse de manera constante todos los días, a fin de madurarlas y perfeccionarlas.

La educación en virtudes es trascendental, ya que dota de herramientas al hombre para que se convierta en alguien que guía su vida motivado por convicciones propias, sólidas y humanas.

Asimismo, las virtudes te brindan fortaleza mental, espiritual e incluso física para superar momentos complicados de frustración, debilidad o tristeza. Así puede ser un hombre estable y enfocarse en sus metas.

También, las virtudes son fundamentales para que tu obtengas y compartas lo mejor de ti mismo de manera consciente y voluntaria. De hecho, realizar acciones virtuosas te dará cada vez más felicidad, porque continuarás haciendo del mundo un lugar mejor para ti y para quienes te rodean.

¿POR QUÉ ES BUENO EDUCARTE EN VIRTUDES?

Imagínate en estos tres escenarios:

En el primer escenario estás trabajando porque, de lo contrario, no podrás ir de fiesta el fin de semana.

En el segundo escenario estás trabajando o estudiando una carrera porque le prometiste a tus padres que lo harías.

En el tercer escenario estás estudiando porque quieres ser un gran dentista y ayudar a los demás.

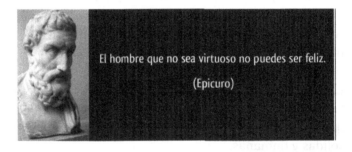

El hombre que no sea virtuoso no puedes ser feliz.

(Epicuro)

¿Qué se puede concluir al respecto?

En los dos primeros escenarios la motivación es efímera y se enfoca en las cosas que se tendrán como resultado. Por el contrario, en el tercer escenario, **la motivación es una meta personal que durará para toda la vida.** Justo así es la educación en virtudes. Para que los valores se conviertan en virtudes tienen que vivirse de manera consciente en la vida diaria. Tus actos cotidianos no pueden ser guiados por solo tu conveniencia, sino por la certeza de que actúas de manera correcta y con un propósito.

¿Y CUÁLES SON LAS PRINCIPALES VIRTUDES?

Prudencia. Capacidad de ser humilde, reconocer tus límites y capacidades y aceptar sabios consejos.

Justicia. Capacidad para cumplir y ejercer derechos, así como dar a los demás lo que merecen sea bueno o malo.

Templanza. Capacidad para dominar tus emociones, mantener tu mente clara y tu alma llena de fe.

Tolerancia a la frustración. Capacidad de ser paciente y esperar tus momentos y ámbitos de acción, además de saber que no siempre se puede obtener todo lo que se desea en la vida.

La educación en virtudes es una tarea constante. En general hay muchas virtudes en las cuales puedes trabajar. En el libro "El camino de los hombres" de Jack Donovan hay puntos muy interesantes sobre esto que te quiero compartir, el las describe como virtudes tácticas y señala principalmente 4.

Fuerza, Coraje, Maestría y Honor

La fuerza, el coraje, la maestría y el honor son virtudes simples y funcionales. Las virtudes tácticas no se preocupan por las cuestiones morales abstractas del bien o el mal universal. Lo que está bien es lo que gana, y lo que está mal es lo que pierde, porque perder es la muerte y el fin de todo lo que importa.

Fuerza, coraje, maestría y honor son las virtudes que los hombres necesitan para proteger sus intereses, pero también las virtudes que deben desarrollar para perseguir lo que quieren. Son las virtudes del defensor y el atacante. La fuerza, el coraje, la maestría y el honor no pertenecen a un solo dios, aunque muchos dioses los reclaman. Cualquier cosa por la que luchen los hombres, fuerza, coraje, maestría y honor, es lo que deben exigirse el uno al otro si quieren ganar.

Son las virtudes fundamentales del hombre. Puedes agregar a estas virtudes y puedes crear reglas y códigos morales para gobernarlos, pero si las eliminas de la ecuación por completo, no solo estás dejando atrás las virtudes específicas de los hombres, estás abandonando las virtudes que hacen que la civilización posible.

Los hombres que son fuertes, valientes, competentes y leales serán respetados y honrados como valiosos.

No se puede contar con los hombres que son débiles o temerosos. Los hombres que son ineptos de alguna manera importante deben encontrar una manera de compensar, y lo intentarán si son leales y honorables, si quieren ayudar con la caza y la lucha, o encontrar otro trabajo que hacer en el grupo. El grupo de cazadores y luchadores no confiará en un hombre de lealtad cuestionable, a quien no parece importarle lo que los otros hombres piensen de él o cómo se percibe su grupo.

Los hombres que no están preparados para cumplir el primer papel de los hombres por una o todas estas razones serán expulsados del grupo de caza y lucha y enviados a trabajar con las mujeres, los niños, los enfermos y los ancianos. Las virtudes tácticas que escribe Jack Donovan en su libro, sin duda, son virtudes que debes forjar y cultivar no como persona, más bien como hombre.

El Dinero

El dinero mis hermanos, sólo te brinda estatus, más no te vuelve alfa, ser alfa es tener una actitud segura en cualquier circunstancia de la vida, no sólo cuando tienes dinero, muchos casos de famosos, con dinero que eligieron malas mujeres y se dejaron dominar, pues tenían un carácter endeble.

Les compartiré un texto e imagen que divulgan muchas páginas sobre la situación de Cristian Nodal un cantante mexicano con mucho dinero, pero que al final del día no pudo gestionar bien la ruptura con su novia "Belinda".

"Viendo esta foto me di cuenta que la mujer que eliges, puede subir o bajar tu nivel. Este Nodal con Belinda se veía guapo y fino y ahora con su novia se ve muy mal. Realmente la mujer que eliges te hace el hombre que eres"

(Nota: Texto sacado de diversas imágenes que así vieron la situación del cantante)

Al leer ese texto, es muy fácil darse cuenta que la sociedad, pone siempre a la mujer en el centro de la vida del hombre, para mejorarlo para bien o para denigrarlo para mal, y lo peor es que muchos no han despertado y aún siguen creyendo esas cosas, pero esto no puede estar más lejos de la verdad, el hombre es su propia misión, no una mujer, y una mujer jamás podrá moldear a un hombre porque su visión de la vida es completamente diferente a la del varón, lo único que ella puede hacer es manipularlo, a su gusto y él feliz creyendo erróneamente que eso lo hace mejor hombre.

Un hombre debe construirse a sí mismo, luchar por sus ideales, perseguir sus ambiciones, y volverse sabio, pues si consigue todas estas cosas, como efecto secundario siempre va a atraer mujeres, pero ahora él sabrá elegir si le conviene o no establecer dicho vínculo, ya no se dejará llevar por su carne, ahora en él gobierna un nuevo hombre, un hombre real.

Y con esto no quiero que malinterpreten pensando que las mujeres no son importantes, claro que lo son, pero no deberían ser lo suficiente como para hacerte perder la visión de tu camino.

En algo tiene razón el texto que te compartimos antes... Una mujer te puede arruinar o beneficiar en tu vida, pero solo si tú lo permites, una mujer nunca te va hacer el" hombre que eres".

Pero no perdamos el punto del capítulo, el dinero. Te compartimos la historia de ese cantante porque el a pesar de tener millones en su cuenta bancaria, tener éxito como cantante, carros, casas y lujos... no pudo gestionar bien sus emociones y semanas después de su ruptura inicio otra relación y eso es una clara dependencia, no puede aceptar estar solo.

Cada persona u "hombre" es libre de hacer lo que quiera con su vida, pero quiero que te quites de la mente que el dinero es lo que te hará un Hombre de Valor.

La clave es tener sabiduría en conjunto de dinero, eso es lo que te ayudará a lograr forjarte.

EL DINERO EN LA VIDA

Ahora bien, existen personas que piensan que el dinero no es importante y no brinda la felicidad. No obstante, lo necesitamos para las necesidades más básicas, como comer, vestir o transportarnos.

Entonces esa idea, por más bien que suene, no deja de ser romántica e idealista. El dinero es sin duda importante para lograr cosas en la vida. Es esencial para satisfacer nuestras necesidades, presentes y futuras.

Por eso, la falta de dinero causa tantos problemas. Es sin duda una de las principales fuentes de estrés de las personas. La sensación de no tener para acabar el mes, de no poder pagar algo que les hace falta a nuestros hijos o simplemente no tener la certeza de si podremos comer el día siguiente es ciertamente terrible.

El dinero, por otro lado, es un recurso escaso. Entonces hay que aprender a manejarlo bien, a cuidarlo (protegernos) y a hacerlo crecer. Lo cual también significa asignarlo de acuerdo y en línea con nuestras prioridades en la vida: lo que es más importante para nosotros.

Ahora bien, lo que hay que entender es que nunca es un fin en sí mismo. Nunca hay que perseguir el dinero como si fuera la clave para tener una vida plena. Esto sería un gran error, porque nos puede distraer de lo que realmente disfrutamos.

¿Te has puesto a pensar cuánto pagas por cosas que no valen la pena? Esto incluye sin duda los intereses que generan tus deudas con tarjetas de crédito o por préstamos de nómina que usaste para comprar cosas que utilizas todos los días y que deberían salir de tu salario. ¿Te has puesto a pensar por qué pospones una meta que consideras lejana, como el retiro, por necesidades de corto plazo?
Porque algún día ya no vas a poder trabajar y llegará un momento en que te arrepentirás no haberlo pensado antes.

La mayoría de la gente tristemente no. Prefiere ir con la corriente, con la marabunta, pensando en que el tiempo (o el dinero) que les permita enfrentar estas cosas más adelante, de alguna u otra manera, llegará, como por arte de magia.

Cuesta trabajo ganar el dinero que recibes. Por eso mismo, debes valorar tu trabajo y además las cosas que son importantes para ti, piensa que tu responsabilidad es cuidarlo y tomar buenas decisiones con él. Nunca desperdiciarlo o usarlo para aquellas cosas que no generan valor a mi vida.

También debes cuidarlo con visión a futuro, porque las cosas suceden. Algunas de manera cierta: el retiro tarde o temprano vendrá, por lo que es la responsabilidad de un hombre es prepararse. También hay cosas inciertas, que pueden o no pasar, pero que, de presentarse, podrían afectar seriamente tu bienestar y el de la gente que amas. No te olvides de eso.

Desde luego, siempre hay riesgos en la vida y eso incluye a las inversiones. De hecho, tengo un portafolio bastante agresivo. Pero son riesgos medidos, que conozco y que estoy dispuesto a tomar, porque además son consistentes con mi horizonte de inversión.

En fin, el dinero es parte de la vida y fundamental no sólo para sufragar nuestras necesidades básicas, sino para alcanzar aquellas cosas que realmente nos importan, como el bienestar de mi familia, las experiencias que me interesa acumular y además hacer lo que amo hacer.

EL PODER DE LAS PALABRAS

Si hablaras mal de un amigo, ¿crees que él querría estar contigo? ¡Pues el dinero tampoco! La mayoría de las personas no tiene idea de lo mucho que influyen las palabras en los resultados.

Imagina que estás explicando algo importante a un grupo de amigos y todos te miran con mucha atención, te escuchan, se interesan mucho por lo que estás diciendo. De pronto, un extraño que está cerca, con la apariencia de un hombre sabio, serio, culto y que te ha estado escuchando desde hace dos minutos, te dice con mucha seguridad y un tono firme: "Lo que estás diciendo son puras tonterías y demuestran lo ignorante que eres." ¿Cómo te afectarían esas palabras? Algunas personas dirán: "¿Cómo se atreve a decirme eso si no me conoce y apenas me escuchó por dos minutos? ¡Yo no soy ningún ignorante!" Pero otras quizá piensen: "¿Cómo se dio cuenta en sólo dos minutos y sin conocerme que soy un ignorante en ese tema? ¿Será un experto en este asunto? ¡Oh, no! ¡Me ha puesto en ridículo frente a todos!"

Como verás, tú podrías reaccionar de dos formas completamente diferentes: una te empodera y pone a salvo tu dignidad, y la otra destruye tu seguridad y te hace sentir muy mal.

Así de poderosas son las palabras. Unas pocas palabras hirientes pueden marcar la vida de alguien o al menos causarle un mal día. Unas pocas palabras de reconocimiento o agradecimiento pueden alegrarte el día o hacerte sentir muy bien. Todo dependerá del nivel de autoridad que le concedas a aquel que te las dijo.

Si provienen de alguien a quien le tienes mucha credibilidad, les darás mucho crédito y te afectarán a un nivel muy profundo, ya sea negativa o positivamente.

Pero cuando se trata del dinero, normalmente ese extraño con apariencia de sabio, ¿adivina quién es? ¡Eres tú mismo! Es alguien en tu interior diciéndote cosas. Siempre está escuchando lo que dices y todo el tiempo opina y tú casi siempre le crees.

Y después de un tiempo, adoptas sus palabras y las repites, una y otra vez a lo largo de tu vida, y terminas por creerlas.

¿Algunos ejemplos?

"Para ganar dinero tienes que matarte trabajando"
"El dinero no da la felicidad"
"Hay cosas que el dinero no compra"
"Los bienes para pagar los males"
"Demasiado bueno para ser verdad"
"El dinero no crece en los árboles"
"El que no transa, no avanza"
"El dinero tiene muchos amigos, el dueño no"

¿Alguna de éstas te suena familiar?

En algunos casos críticos escucharemos cosas como: "El dinero es el origen de todos los males", "Prefiero tener amor y ser feliz que tener dinero", "El dinero corrompe", "El dinero sólo trae problemas".

Déjame preguntarte algo: si hablaras tan mal de uno de tus amigos o familiares, ¿crees que esa persona regresaría a visitarte y querría estar junto a ti? Si tenemos tan malos conceptos acerca del dinero, quizás inconscientemente lo podríamos estar repeliendo. Las palabras son poderosas y producen efectos y resultados.

Las palabras son causa.

Y las palabras se integran a nuestro vocabulario como sociedad, como algo cultural, y creamos conceptos relacionando al dinero con cosas malas.

Por ejemplo:

¿cómo le decimos a alguien cuando sufre mucho o tiene mucho dolor? Le decimos "pobrecito", ¿verdad? Pero ¿por qué "pobre"? O, ¿cuántas veces has escuchado "pobre pero honrado" ?, como si "no ser pobre" fuera sinónimo de "no ser honrado". O qué tal cuando dicen: "Bienvenido a tu pobre casa", "Estoy ahorcado" o "No hay dinero que alcance".

¿Te das cuenta? La mayoría de las personas no tiene idea de lo mucho que influyen las palabras en los resultados. Yo te invito a que hagas un divertido ejercicio que impactará positivamente tu vida de una forma extraordinaria:

Primer paso: ¡Cáchate y cacha a los demás!

Sorpréndete cuando digas o escuches alguna frase relacionada con el dinero que no sea positiva. Date cuenta y sonríe interiormente con simpatía. Al principio te costará trabajo, pero poco a poco descubrirás más y más palabras, así como frases destructivas que generan un impacto.

No las rechaces, sólo date cuenta, sonríe con simpatía. Rechazar algo sólo hace que crezca, pues lo que resistes, persiste.

Segundo paso (sólo cuando ya tengas la habilidad de descubrir de forma natural esas frases):

Comienza a introducir en tu lenguaje otro tipo de frases que son poderosas, que te motivan, que te hacen sentir bien y, más importante, que le dan la bienvenida al dinero.

Aquí algunos ejemplos:

- Jamás me preocupé por dinero... ¡siempre llega! - Madre Teresa de Calcuta
- Si aprendieras a comer lentejas, no tendrías que adular al Rey - Anthony de Melo

- Dadle al César lo que es del César y a Dios lo que es de Dios - Jesús de Nazareth
- Al poseedor de las riquezas no le hace dichoso el tenerlas, sino el gastarlas, y no el gastarlas como quiera, sino el saberlas gastar - Miguel de Cervantes
- El que tiene miedo de la pobreza no es digno de ser rico - Voltaire
- No pongas tu interés en el dinero, pero pon tu dinero a interés - Oliver Wendell Holmes
- El que está satisfecho con su parte es rico - Lao-tse
- La pobreza consiste en sentirse pobre - Ralph Waldo Emerson
- Sólo es pobre aquel que siempre desea más y no disfruta lo que tiene - Mariano Aguiló
- Dinero llama dinero -Proverbio castellano
- Poderoso caballero es don dinero - Francisco de Quevedo
- Nada existe más dulce que la miel. Excepto el dinero - Benjamín Franklin
- El dinero es mejor que la pobreza, aun cuando sólo sea por razones financieras - Woody Allen
- El dinero es la llave que abre todas las puertas - Moliere

Hay un autor que maravillosamente escribe: "Cuando a mí me preguntan: '¿Qué es más importante: el dinero o la felicidad?' Yo les digo: '¿Qué es más importante: tu brazo o tu pierna?' Y cuando insisten y preguntan: 'Pero, ¿qué prefieres: tener dinero o ser feliz?' Yo les digo: '¿Y por qué no las dos?'"

En mi opinión, ¡es una maravillosa forma de pensar! ¡Inténtalo!

FINANZAS PERSONALES

Cuando se habla de finanzas, se debe comenzar por lo básico, ¿qué son las finanzas personales? Y con ello cómo cuidarlas y desarrollar buenos hábitos para no caer en un error que afecte tus gastos. La organización de las finanzas personales es una tarea que requiere tiempo, metodología y paciencia, dado que las personas están obligadas a seguir pasos sistemáticos, para tener una economía personal y familiar más estable.

Las finanzas personales son la aplicación de los principios de las finanzas en la gestión de los recursos de un individuo o familia, en otras palabras, es la administración de tus ingresos y tu patrimonio. Su objetivo principal es hacerte contar con los recursos suficientes para cubrir tus gastos y necesidades principales ya sean individuales o familiares, contando con momentos de esparcimiento, disponibilidad para ahorrar y con atención médica garantizada, además de imprevistos que pudieran surgir en el camino.

Recibir consejos sobre finanzas personales suele ser un poco confuso, pues se introducen términos que no son tan comunes. Por ello, la siguiente lista está enfocada en hacer las cosas más sencillas y obtengas las mejores claves para darle un buen manejo a tu dinero.

1. Define metas financieras

Es muy difícil llegar a un lugar si no sabes a dónde vas. El primer paso para dar un buen manejo a tu dinero es saber qué es lo que quieres lograr con él. Las metas deben ser a corto, mediano y largo plazo.

2. Identifica la totalidad de tus ingresos

Al identificar de dónde provienen tus ingresos podrás asignar un mejor valor a tu tiempo, de forma que le podrás dedicar especial atención a las actividades que te hacen obtener dinero.

3. Haz una lista con todos tus gastos

Hacer una lista de todos tus gastos es uno de los puntos más importantes, pues te ayuda a darte cuenta en qué estás gastando tu dinero y cuánto estás gastando. Si te cuesta trabajo, puedes ayudarte de la tecnología, pues existen aplicaciones móviles para anotar tus gastos, yo uso en particular "Mobills".

4. Divide tus gastos en fijos y variables

Los gastos fijos son aquellos que te permiten sobrevivir; los gastos variables son los que se relacionan con tu estilo de vida. Hacer la diferencia entre unos y otros te ayudará a saber en qué actividades puedes evitar gastar dinero.

5. Plantéate cómo reducir, en lo que se pueda, tus gastos fijos

Los gastos fijos son, por ejemplo, renta, luz, agua, comida o gas. Gastar menos en los gastos fijos es posible, pues sólo debes hacerte consciente del uso que les das e identificar si puedes ahorrar un poco en ellos.

6. Plantéate eliminar la mayor cantidad de gastos variables que puedas

Los gastos variables son aquellos que no son necesarios para subsistir. Para disminuirlos debes eliminar los que no retribuyen positivamente en tu vida.

7. Analiza si tienes un balance positivo al final del mes

Un balance positivo es que al final del mes, tus gastos no sean mayores o iguales que tus ingresos. Para saber qué tipo de balance tienes, resta la totalidad de tus gastos (fijos y variables) a tus ingresos.

Si tienes dinero sobrante, es positivo. Si no tienes sobrante o te endeudas, es negativo.

8. Prioriza la totalidad de tus gastos

Tus gastos deben priorizarse y jerarquizarse. Por ejemplo, nunca debes dejar de pagar tus gastos fijos por usar el dinero en tus gastos variables. De entre tus gastos variables, hay algunos que son más necesarios que otros.

9. Haz un presupuesto mensual alineado con tus metas

Un presupuesto es la guía que debe dictar cómo gastar tu dinero y te dirá con precisión con cuánto dispones para cada día y para cada actividad. Alinear tu presupuesto mensual con tus metas, te permitirá trazar un camino más preciso para conseguirlas.

10. Establece tus límites y aprende a decirte "no me alcanza"

Si algún gasto o actividad se sale de tu presupuesto, evítalo por completo. La importancia de decir "no me alcanza", radica en saber con precisión cuáles son los gastos innecesarios que se salen de tu presupuesto.

11. Crea un fondo de emergencias y prevé riesgos

Las emergencias pueden deshacer todas tus acciones para cuidar tu dinero. La mejor forma es prepararse para ellas. Si bien es cierto que es imposible, saber lo que va a pasar, puedes hacer un fondo que se use cuando una emergencia así lo requiera.

12. Identifica tus deudas

Las deudas son deberes financieros que debes cubrir en tiempo y forma de manera que no causen daños serios a tu salud financiera. Para identificarlas, debes escribir en qué consiste cada una de esas obligaciones, de forma que estés preparado para cumplir con ellas.

13. Prioriza tus deudas

Una buena forma de priorizar es por la fecha en la que se deben cumplir, otra forma es priorizar aquellas que tendrán peores consecuencias al no cubrirlas y otra forma es por aquellas que se pueden cubrir con mayor facilidad.

14. Analiza adquirir deudas que trabajen a tu favor

Endeudarte para obtener rendimientos te permite capitalizar una deuda. Es importante que analices bien antes de empezar una acción como esta, pues debes estar seguro de que tu inversión será redituable.

15. No te endeudes para cubrir otras deudas

Si ya tienes deudas, adquirir nuevas para pagar las viejas

no es la mejor idea. Es cierto que existen métodos de consolidación o refinanciación, pero lo cierto es que deben ser las últimas opciones y deben estar acompañadas de un buen análisis de las implicaciones.

16. No te sobre endeudes

Lo ideal es no endeudarse más allá de lo que se puede pagar. Sin embargo, es bastante común sobre endeudarse pensando que se puede cumplir con esas obligaciones. Debes mantener las deudas controladas y usar las opciones de crédito a tu favor.

17. Analiza los meses sin intereses

Los meses sin intereses son grandiosas formas de comprar sin pagar más por lo que se adquiere. Sin embargo, se debe tener precaución de las condiciones en las que se adquiere un plan de esta naturaleza o la cantidad de estos planes con los que se puede cumplir al mismo tiempo.

18. Evita los excesos

En la vida, ningún exceso es bueno. Cuando se trata de finanzas personales la regla se aplica con la misma fuerza. No gastes de más; no te endeudes de más, busca siempre alcanzar un buen balance en la vida y en tu salud financiera.

19. Cuidado con los gastos "hormiga"

Los gastos hormiga, son aquellos que no representan un gran desembolso en un inicio, pero la suma de ellos hace que se conviertan en una gran fuga de dinero. Se deben identificar, pues son muy complicados de erradicar.

20. Evita las compras por impulso

Comprar por impulso es muy peligroso. Las compras por impulso se parecen a los gastos hormigas debido a que se realizan cuando se adquieren productos innecesarios. La diferencia es que, generalmente, son productos más caros y no tardarás en darte cuenta de que no lo necesitabas.

21. Distingue entre los caprichos y las necesidades

Para evitar las compras por impulso o los gastos innecesarios, debemos tener muy claro cuáles son los caprichos y cuáles son las necesidades.

22. Compra sólo lo necesario

Para evitar gastar de más y salirse del presupuesto la recomendación pasa por sólo comprar lo necesario y planificar las compras.

23. Hazlo tú mismo

Si haces las reparaciones de tu hogar puedes no gastar de más y ahorrar. Evidentemente si se requiere algo con mucha especialización, deberías contratar a un especialista.

24. Habla de tus estrategias financieras y escucha las de los demás

Compartir tus estrategias financieras es una muy buena forma de obtener otras ideas que complementen las acciones que ya se están llevando a cabo.

25. Pagar los impuestos

Recuerda que debes estar al corriente con el pago de impuestos. Asegúrate de reservar suficiente dinero para pagar y de que puedas hacerlo antes de la fecha límite. Esto te ahorrará dinero.

26. Ahorra

Probablemente uno de los consejos más importantes. Para que puedas alcanzar tus metas, debes contar con el respaldo de un buen ahorro que te permita disfrutar en el futuro.

27. Invierte

Para hacer crecer tu dinero tienes que ahorrar. Sin embargo, dependiendo de tus metas y objetivos, deberás considerar poner a trabajar tu dinero aprovechando los diferentes planes para invertir que hay en el mercado.

28. Cultiva tus talentos

Si eres bueno para algo, debes seguir trabajando para ser el mejor. Una vez que ya te destaques de entre el resto, puedes usar esas habilidades para generar ganancias.

29. Aprende constantemente sobre educación financiera

Por fortuna, la educación financiera es un tema que está constantemente mejorando. Para mantenerse al día hace falta estar en constante educación; no sólo aprendiendo, sino reforzando lo que ya se sabe.

El Poder y el Estatus

Como decía Aristóteles "somos un animal social", el más social de todos; y toda sociedad necesita de una jerarquía. Hay especies como las hormigas o las abejas que nacen con un lugar predeterminado en ella, pero los humanos, al igual que otros primates, disfrutamos de cierta libertad para subir o bajar en la escala social.

Encontrar nuestro lugar en la sociedad es interesante, nuestras posibilidades para sobrevivir y ser felices han dependido históricamente en gran medida de nuestro estatus social. En particular, la de los hombres.

DEFINIENDO ESTATUS

Según la psicóloga Denise Cummins el estatus es el lugar que ocupa un individuo en la jerarquía social. Este lugar determina la prioridad que tiene para acceder a los recursos en situaciones competitivas. Cuando Cummins habla de recursos se refiere a comida, pareja, territorio, dinero, etc.

Dicho en lenguaje llano, quien tiene más estatus es el que se come el último trozo de tarta.

Existen dos tipos de estatus. La dominación donde el individuo usa la fuerza y la coerción para acceder a los recursos y el prestigio, donde el estatus no se impone, sino que se gana ayudando a los demás.

El prestigio suele ceñirse a un dominio concreto. Por ejemplo, un gran jugador de ajedrez puede tener mucho estatus entre otros ajedrecistas, pero poco en su familia o en su empresa.

ORIGEN DE LAS JERARQUÍAS DE ESTATUS

Dada la ubicuidad de jerarquías basadas en el estatus (se encuentran en todas las sociedades) se cree que podrían ser el producto de la selección natural operando a nivel de individuo y de grupo. Incluso sociedades que, a primera vista, pueden parecer igualitarias, tienen jerarquía de estatus. Aquellos que están en la parte alta gozan de ciertos privilegios y beneficios.

Por poner un ejemplo, los Achés, una tribu de cazadores recolectores que vive en las selvas de Paraguay, dan mucha importancia a la carne porque no pueden conservarla mucho tiempo. Los cazadores la reparten entre los miembros de su tribu las piezas que han cazado. Se ha observado que los cazadores más exitosos tienen más relaciones extramaritales que los demás (Hill & Kaplan, 1988).

Este tipo de ventajas por estatus es habitual y se han visto en otras tribus de cazadores-recolectores.

Como podemos ver en el ejemplo de los Achés, un alto estatus social proporciona ventajas reproductivas y por lo tanto, los genes de los individuos de mayor estatus se propagarán más.

La ventaja reproductiva de los hombres de mayor estatus ha sido ampliamente documentada por Laura Betzig. En un estudio de 1993 recopiló de manera sistemática datos de 6 grandes civilizaciones entre las que se encontraban Mesopotamia, el Egipto antiguo y el Imperio Chino.

En todas ellas había un patrón, los emperadores tenían harenes de cientos o incluso miles de mujeres a su entera disposición. El emperador chino Fei-ti tenía 6 palacios donde alojaba a 10,000 mujeres. Por contra, la mayor parte de los hombres sólo tenían una mujer y a menudo ninguna.

En resumen, a lo largo de la historia los hombres más poderosos han tenido multitud de hijos mientras que los pobres sin estatus han tenido que sufrir para poder dejar descendencia. Además, un patriarca poderoso podía mantener mejor a su prole y sacarla adelante más fácilmente en unos tiempos en los que la mayoría de los niños morían a los pocos años. Tú, yo y mucha de la gente que anda por la calle podríamos ser descendientes de esos hombres poderosos.

MUERTE POR DESHONOR

Para comprender hasta qué punto el estatus es importante para las personas merece la pena ver el análisis que hicieron cuatro investigadores de varios estudios relacionados con el deshonor.

En uno de ellos, planteaban a los participantes situaciones hipotéticas donde tenían que elegir entre dos opciones. En una de ellas se les daba a elegir entre pasar un año en la cárcel y salir con su nombre limpio (nunca sería visto como un criminal delante de su gente) o no entrar en la cárcel, pero ser visto como un criminal el resto de su vida ante su comunidad. El 70% elegía pasar un año en la cárcel.

En otra de las situaciones se les daba a elegir entre morir ahora y ser recordado afectuosamente por su comunidad o vivir hasta los 90 años, pero ser conocido en su comunidad como un pedófilo.
El 53% elegía morir con su reputación limpia.

El problema de este tipo de estudios es que lo que diga uno en una encuesta no tiene por qué ser lo que hiciese en realidad, pero no deja de ser significativo la importancia que damos a nuestra reputación.

¿CÓMO SE FORMAN LAS JERARQUÍAS?

Hemos visto que un alto estatus proporciona ventajas claras, pero no todos queremos estar en la jerarquía social ya que muchos tienen esa personalidad Sigma.

A simple vista podrías pensar que siempre debemos luchar por estar en lo alto de la jerarquía, pero eso no es necesariamente cierto. Si vas a un parque y dedicas un rato a ver a los perros interactuar, verás cómo tras varios juegos, persecuciones, gruñidos e incluso pequeños mordiscos, uno de los perros adopta una posición sumisa. Se pega al suelo y mira al otro con temor o se tumba sobre su espalda. Esto es una señal de que acepta el dominio del otro perro. Ahí acabará todo, no habrá sangre ni mordiscos porque ahora ambos aceptan el estatus del otro y su lugar en la jerarquía.

La gran mayoría de animales sociales tiene comportamientos similares y gracias a ellos se mantienen vivos. Si el animal más débil siguiese desafiando al más fuerte lo más seguro es que acabase herido o muerto. Tras muchas generaciones, ese tipo de comportamientos suicidas van desapareciendo porque el que se comporta de esta manera deja menos descendencia. Sin embargo, saber cuándo agachar la cabeza es muy adaptativo.

Quizás el animal sufra más para encontrar una hembra, pero al menos vivirá para intentarlo.

Puede que pienses que el perro dominante debería matar al otro, al fin y al cabo, es más fuerte y así se quita a un rival de en medio. En parte es cierto, pero, aunque el otro sea más débil no significa que no pueda herirlo o incluso matarlo, por eso, a menudo los machos-alfa son magnánimos y dejan vivir al más débil si acepta su rol como seguidor.

Bueno, todo esto de los perros está muy bien, pero los humanos somos más complejos, ¿no? Por supuesto, sobre todo los que vivimos en civilizaciones modernas. Hace tiempo que no está bien visto pelear a puño limpio para ganar un lugar en la jerarquía social, aunque es algo que sucede a menudo entre niños, adolescentes y es lo habitual entre los pandilleros.

ESTRATEGIAS PARA GANAR ESTATUS

Hemos visto que la violencia puede ser una vía para conseguir estatus. Al principio del capítulo decía que hay dos tipos de estatus: dominio y prestigio.

Sin duda la fuerza es una forma muy efectiva de conseguir dominio, pero no es tan efectiva si buscamos prestigio. Un policía tiene dominio, pero no tiene por qué disfrutar de prestigio. Lo mismo ocurre con un presidente del gobierno o un general militar. Por su parte, Albert Einstein o Melinda Gates tienen prestigio sin dominio. En cualquier caso, ambas vías de escalar en la jerarquía social dan acceso prioritario a los recursos.

Me voy a centrar en las estrategias más habituales para ganar prestigio:

Engaño y manipulación

Esta, a menudo, es una forma rápida de ganar estatus, pero también es peligrosa y puede salirnos el tiro por la culata. Fardar de títulos que no tenemos o exagerar nuestro papel en historias en las que, supuestamente, hemos tenido un papel de héroe, salvador o filántropo puede ayudarnos a corto plazo, pero, si te descubren, tu prestigio se desplomará.

Hablar mal de otros también podría ayudarte puntualmente, piensa que el estatus es siempre comparativo. Si eres mediocre en tu trabajo, pero haces quedar peor a tus compañeros, serás el tuerto en el país de los ciegos.

*(**Nota**: Te hacemos saber que existe este tipo de manipulación para ganar estatus, pero debes evitarla. Lo que puedes hacer es ver si otros la están usando contigo.*

*Una película realmente buena y entretenida que te recomiendo es: "**Atrápame si puedes**" con **Leonardo Di Caprio**... una película que va como se usa el engaño y manipulación para ganar estatus)*

Potenciar tus relaciones sociales

El interés por asistir a eventos de networking es un buen indicador de la importancia que damos al estatus. Estos encuentros se basan en el potencial para crear relaciones con gente interesante o relevante en un sector.

Estas relaciones pueden servir para hacer negocios, pero son valiosas en sí mismas porque mostrar a los demás que estás bien relacionado es una de las señales de estatus más potentes que hay.

Por otro lado, tener muchos y buenos amigos y ayudarles y apoyarles todo lo posible es otra forma de incrementar tu estatus.

Conocimiento y competencias

En cierto modo esta estrategia también abarca las otras dos, porque no puedes manipular o crear buenas relaciones sin las competencias adecuadas. La competencia es la piedra angular del estatus.

La gente te valora por tu capacidad para acceder a los recursos y el conocimiento, la cultura, la inteligencia, la capacidad de trabajo o el liderazgo son competencias que predicen tu acceso a los recursos.

Price y Van Vugt desarrollaron la teoría "Servicios-por-Prestigio".

Según esta teoría, los líderes ofrecen a sus seguidores conocimiento, sabiduría, coordinación del grupo y otros servicios, a cambio de recibir prestigio social: ofrecerle más atención que al resto, reírse con él, tener ciertas deferencias que no tenemos con los demás, etc.

En esta relación basada en el altruismo recíproco, ambas partes salen favorecidas. Como dato curioso, la gente con mayor estatus tiende a ser más amigable y ayudar más a los demás (Eisenberg 1986).

SEÑALIZACIÓN: TOGAS Y CADENAS DE ORO

Ya hemos visto cuáles son las principales estrategias para escalar en la jerarquía social, pero tan importante es conseguir el estatus como que los demás sepan dónde situarnos. Los seres humanos somos increíblemente hábiles detectando el estatus de los demás.

En unos pocos minutos reunido con un grupo de personas desconocidas puedes intuir cuál es la jerarquía existente. La vestimenta, la postura, el tono al hablar, los gestos, las veces que interviene e interrumpe uno, etc. Existen docenas de señales más o menos sutiles que detectamos sin darnos cuenta y que nos ayudan a crear un organigrama en nuestra cabeza.

En todo caso, dada la importancia del tema, nos gusta asegurarnos de que los demás sepan dónde estamos, sobre todo cuando estamos en lo alto de la jerarquía.

En la antigua Roma los ciudadanos sólo podían vestir togas adecuadas a su estatus social o político. Entre los raperos el estatus se mide por el peso de las cadenas de oro y los coches deportivos, aunque en ocasiones no se los puedan permitir y los alquilen (Engaño y manipulación de nuevo). Todos estos objetos cumplen una función importantísima: señalizar el estatus, aunque este sea falso.

En un experimento se dio la oportunidad a los participantes de ayudar a gente que lo necesitaba. Uno de los grupos lo hacía de forma anónima y el otro a la vista de todos. Seguramente no te sorprenda que los que lo hacían de forma pública estuvieran más dispuestos a ayudar que los otros.

Los investigadores también midieron un aumento en la reputación de los participantes entre el grupo de personas que habían presenciado la ayuda.

Aunque llevar cadenas de oro de 4 kilos de peso y ayudar a los necesitados te puedan parecer actos que están en las antípodas el uno del otro, ambos tienen una cosa en común, incrementan e indican estatus.

Los rituales de señalización de estatus varían mucho entre culturas y grupos, pero todos cumplen la función de dar a conocer a los que me rodean cuál es mi lugar dentro de la jerarquía.

En la cultura rapera norteamericana, el dinero tiene mucha importancia y el oro es un símbolo inequívoco de riqueza. Por eso tanto raperos ricos como no tan ricos intentan mostrar las cadenas más ostentosas (algunas llegan a costar 10 millones de dólares). Pero, ¿te imaginas a Warren Buffet o Bill Gates en una fiesta con una cadena de oro gigante? En su sub-cultura de ricos blancos, occidentales y cultos eso sería una obscenidad y dañaría su reputación. Ellos prefieren crear fundaciones benéficas o donar miles de millones a causas nobles.

Dicho así todo esto puede sonar muy frívolo. Pero todos hacemos cosas similares en nuestro día a día. Cuando ponemos en Instagram una foto del lugar exótico donde estamos de vacaciones estamos mostrando nuestro estatus: nos podemos permitir ese viaje, mirad qué feliz soy. Cuando hablamos con nuestros amigos del nuevo puesto tan bien pagado que nos acaban de ofrecer estamos señalizando: somos personas competentes, valiosas e inteligentes.

Para que quede claro, estas cosas no las tenemos por qué hacer de forma consciente. Muchas de ellas están motivadas por emociones que llevan a actuar de cierta manera sin saber cuál es el fin último por el que lo hacemos. Simplemente nos hacen sentir bien. Es decir, no es que Warren Buffet se levante por la mañana y diga: "¡voy a ir a esa cena benéfica y voy a dejar claro quién es el que manda aquí!".

Hacer una donación importante y que todo el mundo lo sepa y le presten atención y hablen bien de él le hace sentir bien. Y le hace sentir bien porque la evolución ha premiado actos adaptativos como ese con emociones positivas como el orgullo.

Si te sientes un poco incómodo con esto es porque es un tema tabú. Quizás hasta ahora ni siquiera fueses consciente de este tipo de comportamientos. Puede que incluso sigas convencido de que tú no eres como los demás.

Socialmente no está bien visto reconocer que hacemos cosas por ganar estatus y por mostrarle al mundo dónde estamos en el escalafón social. Parece propio de personas maquiavélicas y superficiales. Sin embargo, es algo propio del ser humano… y a otro nivel, de muchos animales sociales ya sea de manera directa o indirecta.

CONCLUSIONES

No podemos obviar la importancia del estatus en la vida de todo ser humano. Más estatus te va ayudar a sufrir menos estrés, tener más opciones profesionales, más relaciones sociales y, si eres hombre, más posibilidades de tener pareja e hijos.

Hemos venido al mundo con habilidades innatas para movernos en la compleja jerarquía social y algunos son evidentemente más hábiles que otros. Pero durante nuestra vida podemos mejorar algunas competencias para incrementar nuestro estatus. Por ejemplo, podemos mejorar y aumentar nuestras relaciones escuchando más y ayudando a los demás.

También podemos adquirir conocimientos que nos hagan más valiosos y útiles para la sociedad. Todo ello puede ayudarte.

Y por supuesto, no te recomiendo que hagas como que la imagen y las apariencias no importan porque sí importan, pero no vivas solo de ello y no vivas dependiendo del que dirán los demás o la misma sociedad.

La Fuerza y el Coraje

Vivimos tiempos de mucho cambio e incertidumbre en los que los hombres, en general, se sienten perdidos y no hay herramientas que nos permitan encontrar nuestro lugar en nuestra vida profesional, en nuestra familia y en nuestro rol como hombres.

Por eso es importante que reflexionemos sobre la importancia de la fuerza, el coraje y cómo la valentía puede darnos el poder suficiente para empezar algo nuevo.

"Es preciso saber lo que se quiere;
cuando se quiere, hay que tener el valor de decirlo,
y cuando se dice, tener el coraje de realizarlo."

- **GEORGES BENJAMIN CLEMENCEAU**

Decía Vincent Van Gogh, "¿qué sería de la vida, si no tuviéramos el valor de intentar algo nuevo?". Él sabía bien de lo que hablaba. Su estilo, claramente distinto al de sus colegas, generó la perplejidad, el rechazo y la incomprensión de sus coetáneos, pero años más tarde la belleza de su obra conmueve a millones de personas en todo el mundo. Le llamaban "el loco del pelo rojo". Pese a todo, se arriesgó.

En la dimensión empresarial, Thomas Alva Edison repetía a menudo que en los miles de intentos fallidos que debía superar para crear cada uno de sus prototipos, jamás perdía el ánimo porque cada error que dejaba atrás era un nuevo paso adelante, muchos le dan la gloria a Edison... y si fue un gran inventor y nunca se rendía, pero sus métodos pueden ser cuestionables. Edison, que tenía un método de trabajo empírico basado en el ensayo y error, nunca llegó a tener una buena relación con Tesla, mucho más científico y reflexivo en su forma de trabajar.

La rivalidad no tardó en aflorar y dio lugar a lo que se conoce popularmente como la guerra de las corrientes, una gran disputa por demostrar el descubrimiento y la patente de la electricidad.

Edison defendía el sistema de corriente continua mientras que Tesla defendía el sistema corriente alterna. El primero no dudó en jugar sucio y recorrió Estados Unidos electrocutando animales (desde perros y gatos hasta un elefante) para demostrar los riesgos inherentes a la propuesta de su rival. A pesar de esta campaña de desprestigio, la corriente alterna se acabó imponiendo y a día de hoy se utiliza en todos los hogares.

Aunque Tesla ganó esta batalla, el prolífico inventor no obtuvo el reconocimiento del que sí gozó Edison, mucho más hábil desde el punto empresarial de relaciones públicas *(Un Sigma vs un Alfa)*.

"Edison sólo pensaba en inventos que pudiera comercializar. Si no se podía convertir en algo rentable, lo abandonaba. Tesla era casi lo contrario, él hablaba de revolucionar el mundo, pero no mostraba nada que pudiera atraer a los inversores", comenta el comisario. "Tesla fue a veces su peor enemigo: regaló patentes a Westinghouse, le dio el 51% de las patentes presentes y futuras a JP Morgan cuando éste tan sólo pedía el 50%... Es obvio que le faltó un instinto empresarial que le habría ayudado".

Hubo muchos más factores que contribuyeron al olvido del inventor: su último gran proyecto —el sistema mundial para la trasmisión de energía eléctrica sin cables— fracasó, "y los perdedores no suelen ser muy recordados".

No dejó ninguna empresa detrás que mantuviera vivo su nombre —Edison dejó la General Electric—;

No tuvo discípulos —Edison contaba con Henry Ford, quien dedicó mucho esfuerzo, dinero y entusiasmo en mantener vivo el recuerdo de su mentor—,

No tuvo herederos... "Además, en las últimas décadas, sus problemas mentales fueron a peor y Tesla se acabó convirtiendo en una caricatura de sí mismo, la del típico científico loco".

El genio, que fue célibe para no enturbiar su pensamiento, tenía muchas manías y obsesiones que fueron a más que con el paso de los años: tenía fijación con el número 3, adoraba a las palomas (él mismo reconoce que una se convirtió durante un tiempo en lo más importante de su vida), odiaba las joyas, no soportaba el pelo humano, no permitía el contacto físico...

Todas estas excentricidades no ayudaron a mejorar la imagen de un hombre que estaba condenado a

permanecer a la sombra de otros más avispados. Irónicamente, uno de los pocos premios que Tesla obtuvo en vida fue la medalla Edison.

Puedes estar pensando que Edison no es un Alfa, es más bien un hombre de poca moral y un ladrón. Si piensas así estas en lo cierto, pero también tenía cualidades alfa a pesar de que hizo cosas malas.

Recuerda: No todos los hombres alfa son buenas personas que ayudan a la sociedad, algunos solo viven para ser reconocidos y pisotean a otros con el fin de lograr sus objetivos.

Viven en parte a la filosofía de:

"El fin justifica los medios"
– Maquiavelo

Otro ejemplo de hombres Alfa de este tipo sería Ray Kroc, socio de la empresa MC Donald´s... al final tomo el control y se apodero de ella, dejando a los fundadores reales... a los hermanos Mac y Dick McDonald fuera. Hay una película que se basa en la historia de cómo lo hizo y vale la pena verla, se llama: **"Hambre de Poder".**

También encontramos ejemplos de coraje y fuerza en el deporte, como es el caso de Dick Fosbury que revolucionó la técnica del salto de altura creando el hoy conocido como "salto Fosbury", consistente en correr en diagonal hacia la barra, luego curvarse y saltar de espaldas sobre la barra.

Fosbury, haciendo gala de un gran coraje, rompió con las técnicas tradicionales de salto en tijera o de rodillo ventral. Lo interesante del caso es que no era el atleta más alto, ni el más fuerte, ni el más rápido. Pero sí que era un atleta insatisfecho con las técnicas habituales de modo que comenzó a experimentar su nuevo estilo a los 16 años.

Siendo un estudiante de la Universidad Estatal de Oregón, ganó el título de la NCAA (Asociación Atlética Nacional de Colegios) y la clasificación a las Olimpiadas.

En los Juegos Olímpicos de México de 1968, en la cúspide de su carrera, obtuvo la medalla de oro y fijó un nuevo récord olímpico en 2,24 metros, demostrando así el potencial de la nueva técnica que disparó los registros, cuando otros atletas la incorporaron, a partir de 1990.

Su seleccionador nacional le dijo que saltando de espaldas se acabaría matando, que estaba loco. Pese a todo, Fosbury se arriesgó... y ganó.

Es curioso y a la vez triste que la definición que encontramos en el diccionario sobre la voz "riesgo" hace solo referencia a la posibilidad de la pérdida o del fracaso, pero no hace referencia alguna al cumplimiento del anhelo, la realización, el logro o el éxito que viene precedido por el acto de arriesgarse.

Dice el diccionario que riesgo es «contingencia o proximidad de un daño, o estar expuesto a perderse, entre otras desgracias». Es decir, se nos presenta el riesgo como una posibilidad de perder lo que tenemos o de no alcanzar lo que deseamos. De ser así, ¿Quién se arriesga? Paralizados por el miedo a perder, perdemos, ya que no nos atrevemos a innovar, a invertir, a apostar, a jugárnosla para crear nuevas circunstancias que mejoren nuestro entorno y el de quienes nos rodean.

EL RIESGO ES NO ARRIESGARSE

A menudo escuchamos que los valientes, los que se arriesgan, los que se la juegan y apuestan por una vida distinta, por crear nuevas circunstancias cuya construcción se prevé difícil, incluso imposible, son unos locos. Pero quizás el coraje no tenga nada que ver con la locura.

Probablemente el coraje más que la ausencia de miedo es la consciencia de que hay algo por lo que merece la pena que nos arriesguemos.

El coraje es fuerza al servicio del amor y de la consciencia. El coraje nos mueve porque creemos que aquello que queremos crear, cambiar, construir tiene sentido. Tiene tanto sentido que nos puede llevar a arrostrar nuestros miedos, a enfrentar dragones internos y externos, y partir en un viaje del cual regresaremos completamente transformados, bien porque hayamos logrado encarnar el anhelo que nos llevó a partir, bien porque tras la aparente derrota, habremos aprendido algo nuevo que nos llevará a ver con ojos distintos a la vida, a los demás y a nosotros mismos. Sea como sea, habremos crecido en el viaje interior, si somos capaces de hacer alquimia del dolor y de no dejarnos enloquecer por el éxito o la realización, si hemos sido bendecidos por éstos.

Nuestros anhelos y nuestro coraje van a ir siempre de la mano. El anhelo nos invita a crecer y el coraje nos hace crecer. El primero es semilla, es potencia, es idea; el segundo es acción, transformación, realidad. Y en ese baile, el desarrollo en lo espiritual y en lo real que nos proporciona el coraje, alimenta nuevos anhelos en una espiral cada vez menos densa y más sutil.

La danza de nuestros anhelos y nuestro coraje es la que transforma nuestra vida y la de los que nos rodean; es la tierra sobre la que se construye la Buena Vida. Es esa extraordinaria danza la que hace que las utopías del pasado sean realidades hoy, y que nuestras utopías de hoy, quizás, sean las realidades de mañana.

LA AUSENCIA DEL CORAJE CREA LA DIFICULTAD

"No es que no hagamos las cosas porque sean difíciles, más bien las hacemos difíciles porque no nos atrevemos."

- **LUCIO SÉNECA**

Los actos que surgen del coraje nos elevan por encima de nuestras posibilidades y dan forma a nuestra vida. Curiosamente, Elisabeth Kübler-Ross considerada la principal autoridad mundial sobre el acompañamiento a enfermos terminales, dice que si se pregunta a una persona que está a punto de morir: "¿Qué volvería a hacer si viviera?"

La respuesta en la práctica totalidad de los casos es ésta: "Me hubiera arriesgado más ".

Cuando, de nuevo, la doctora Kübler-Ross preguntaba al moribundo el porqué de esta respuesta, los argumentos que recibía se caracterizaban por el siguiente estilo de reflexión:

"Porque todo aquello que quería hacer y no hice por miedo; o porque todo aquello que quería decir y no dije por pudor o temor; o por toda expresión de afecto que reprimí por un excesivo sentido del ridículo, porque todo eso me parece en este momento una nimiedad absoluta frente al hecho de morirme".

"La muerte es algo que no decido yo, la vida me empuja a ello; y ahora, frente a ella, me doy cuenta que todas esas circunstancias que antes me parecían un reto terrible, son una nimiedad comparada con el hecho de que me muero y ya no hay vuelta atrás".

Se trata, sin duda, de una respuesta cargada de sentido común, si tenemos en cuenta que la vida es una gran oportunidad de arriesgarnos para aprender, crecer, compartir y amar.

Quizás las cosas que nos parecen difíciles no lo son tanto si nos arriesgamos y si pensamos en que gracias al coraje que nace del amor podremos superar muchos retos y dificultades, tal y como lo hizo el maestro Perlman.

¿Y si no lo logramos? Pues por lo menos habremos aprendido algo en el proceso y quizás se abran otras puertas inesperadas en nuestro camino de vida.

FUERZA FISICA

Los hombres (salvo raras excepciones) somos más fuertes que las mujeres, así como poseemos (y tenemos el potencial de desarrollar) más masa muscular que ellas.

Esto en un ambiente hostil cobra fundamental importancia. Pero no te creas que en la sociedad Occidental moderna no tiene importancia. Sí que la tiene, eso sí el concepto se amplía a algo más metafórico, pero sigue siendo practico también.

Además, no podemos ir contra la naturaleza. Un hombre fuerte siempre será más atractivo para las mujeres que uno débil. Ser fuerte te da esa confianza de saber que has sido capaz de lograr algo importante en la vida. Ser fuerte se siente bien. Sientes seguridad en ti mismo.

Y eso el resto de las personas lo notan. Tienes más oportunidades no solamente con las chicas, sino también en lo profesional. Las personas que están en forma física con una buena cantidad de masa muscular y delgado tendrán más posibilidades de pasar una entrevista de trabajo o conseguir un contrato sustancioso para su negocio o empresa.

A pesar de que se diga que hoy en día la fuerza no es importante, lo cierto es que lo sigue siendo y es algo muy masculino.

Como se es adentro se es afuera dicen por ahí. Y en lo personal estoy de acuerdo. Un hombre fuerte físicamente por lo general será fuerte mentalmente. Un hombre que cultive la fuerza habrá desarrollado disciplina y autocontrol. Características que son masculinas igualmente.

Tener la capacidad de no desmoronarse ante los embates de la vida y seguir adelante pese a los golpes que te echan por tierra. Eso es ser fuerte de mente y de espíritu.

¿CÓMO CULTIVAR LA FUERZA?

En la sociedad moderna no resulta tan fácil desarrollar esta cualidad. Ya no es necesario salir a cazar el alimento ni cargar sobre tus hombros al mamut.

Entonces, vemos como la mayoría de los hombres jóvenes están fuera de forma perdiéndose de cultivar una de las virtudes masculinas más relevantes.

Bien, es hora de arreglar eso. Veamos qué podemos hacer para desarrollar la fuerza de manera general. La calistenia es una forma económica de desarrollar fuerza y un cuerpo estético. Son ejercicios solamente con el peso de tu cuerpo. Puedes ir a entrenar a un parque donde haya barras para dominadas y demás ejercicios.

Si eres de los que no tiene el tiempo para ir a un parque o te gusta ejercitarte en casa, bueno no te preocupes. Solo con una barra para dominadas ya puedes empezar a darle duro al entrenamiento.

Los ejercicios clásicos son las dominadas, las lagartijas, sentadillas y fondos. Luego vienen variantes de todos estos que añadirán variedad y diversión. Si recién empiezas 3-5 veces en la semana realizando estos ejercicios ganarás bastante y te sorprenderás hasta donde puedes llegar.

¡Vamos no pongas excusas y ponte a entrenar!

Levantamiento de pesas.

Levantar objetos pesados es algo que sin duda te va a dar fuerza y músculo. Hay muchas formas de levantar pesas.

Incluso diferentes deportes como el powerlifting, la halterofilia y el strongman.

Acá me voy a centrar en cómo puedes desarrollar fuerza y músculo (que con lo anterior lo harás).

¡Hombre! con el culturismo puedes desarrollar un físico de puta madre. Sin embargo, abarca demasiado para tratarlo en este libro.

Así es que te daré algunas pautas básicas para que desarrolles un cuerpo de un hombre. Acá el equipo es necesario y hay bastante donde escoger. Sin embargo, me centraré en algunos ejercicios que puedes hacer con barra libre y otros con mancuernas.

Si eres principiante con 3-4 veces a la semana en rutinas de cuerpo completo puedes desarrollar un cuerpo muy bueno y masculino.

Realiza ejercicios de empuje, de tracción y para piernas.

En los de empuje tenemos a al press de banca y militar. Ambos son posibles de realizar tanto con barra como con mancuerna.

En los de tracción los remos y al igual que los anteriores, se puedes realizar con barra y mancuerna.

Los ejercicios para piernas se van a componer de sentadillas, desplantes y hiptrust para los glúteos.

Procura incorporar estos ejercicios en tus rutinas.

Un ejemplo sería poner un ejercicio de empuje otro de tracción y otro de piernas en una sesión. Lo que te digo es algo básico, pero que funciona. Además, este libro va sobre El Camino de un Hombre no sobre rutinas de fitness.

Para finalizar esta parte, algo que a mi gusta hacer es combinar la calistenia con ejercicios con pesas. Algo que me gusta hacer es hacer los clásicos ejercicios de la calistenia como las dominadas y los fondos con lastre.

Ser fuerte físicamente es algo muy masculino. Y desarrollarla es una de las primeras cosas que puedes hacer para mejorar tu vida y masculinidad.

"Un hombre fuerte no solo es más masculino, sino que, además, es más valioso para la manada".

Coraje y Fuerza... forja estas virtudes en tu vida.

PORQUE TODO HOMBRE DEBERÍA LEVANTAR PESAS

A excepción de ciertos casos extraordinarios, realmente considero que todo hombre debería levantar pesas, esto por múltiples razones, pero esencialmente todas partiendo del mismo concepto: fortalecimiento.

Existen 2 elementos centrales de la grandeza, y esos son fuerza y excelencia. Bueno, pues no existe mejor hábito en mi cabeza que cubra el primero y más importante como el entrenamiento de fuerza, y la razón principal por la que todo hombre debería levantar pesas, pero definitivamente no la única.

Debido a que un hombre débil no puede considerarse como excelente, o como hombre realmente, mucho menos como líder, ambas siendo posiciones aspiradas por todo hombre que esté orgulloso de serlo y tenga la felicidad auténtica como su mayor objetivo.

Es imperativo que coloque el fortalecimiento, comenzando por el físico, como uno de los mayores objetivos. Esto no solo porque, como veremos, esto te hará evolucionar en múltiples maneras tanto de manera física como mental, sino porque el mantener este hábito te hará más sano y atractivo al optimizar su composición corporal.

Recomposición corporal

La mayor y más obvia razón del porque todo hombre debería levantar pesas es la de recomposición corporal. Verdaderamente, es por esto que, seguido de la calidad de sueño, considero a este tipo de ejercicio como el mayor determinante en la salud y composición corporal de un hombre.

Por supuesto, la calidad de la dieta es algo extremadamente importante, pero por más buena que esta sea, esta no hará cambiar tu composición corporal, o al menos no a gran escala.

Solo el entrenamiento de fuerza correctamente empleado puede lograr esta tarea. Centralmente, siempre y cuando te mantengas levantando pesas regularmente puedes estar seguro de que estás maximizando tu composición corporal independientemente de la dieta y calidad de vida que lleves.

Simplemente, "no hay pierde," si estás en déficit dietético mantienes músculo o, en ciertos casos, ganas músculo al mismo tiempo; si estás en balance o surplus dietético, ganaras musculo casi con seguridad; y si tu vida es un "desastre" y te la pasas de fiesta, algo que por supuesto, no recomiendo, pero sé que en cierta etapa de la vida es casi seguro se realizará, al menos retendrás la mayor cantidad de musculo posible ante este tipo de vida desenfrenada.

En todo caso, levantar pesas con regularidad siempre será un ganar-ganar independientemente de tu tipo de dieta, estilo de vida y edad. De hecho, debería ser una meta, él jamás dejar de hacerlo, hasta verdaderamente, por cuestiones físicas ciertamente, te sea algo imposible de realizar, algo que creo solo puede ocurrir pasando los 80 años de edad, en cuyo caso la verdad ya perderá relevancia.

Irónicamente, esta es una de las mejores maneras de asegurar que siquiera llegues a esa edad. El punto es que todo hombre debería levantar pesas porque no existe mejor hábito que puedas implementar para asegurarte de maximizar la calidad de tu composición corporal.

Ciertamente, si consumes una dieta perfecta, duermes excelentemente y evitas toda potencial toxina, optimizaras tu salud y potenciarás los efectos del entrenamiento, pero sin levantar pesas, cambios en masa muscular, previa deficiencia de proteína, no tomarán lugar.

En materias de optimización corporal, el entrenamiento de fuerza es fundamental.

Fortalecimiento mental

La segunda razón crucial por la que todo hombre debería levantar pesas, se deriva de sus beneficios a la mente, su fortalecimiento, más específicamente. Cada vez que practicas el entrenamiento de fuerza estás fortaleciendo no solo tu cuerpo, sino también tu mente.

Ciertamente, el entrenamiento de fuerza no está ni cerca de ser la única manera de fortificar la mente, pero definitivamente es la más sencilla y accesible.

Lo he dicho muchas veces y lo diré de nuevo, todo hombre que posee un cuerpo trabajado recibe mi respeto y admiración no por el cuerpo en sí, sino porque se la disciplina que esto requiere, y aunque es cierto que a unos se les facilita más que a otros el obtener el cuerpo masculino ideal, todos tienen que introducir una ética de trabajo constante, ya sea en la cocina o en el gimnasio, a cierto grado.

Toda vez que sientas "como que no quieres hacerlo" o te sientas cansado, y a pesar de esto, sigas entrenando, estás estimulando el fortalecimiento de tu mente a la par del físico, estás practicando lo que en términos filosóficos se conoce como "mente sobre materia"—la epitome de la grandeza.

En esferas "intelectuales" o "espirituales" el entrenamiento físico suele ser categorizado como "superficial" o "poco profundo," nada podría estar más lejano de la verdad. Personalmente, no he encontrado práctica física más "espiritual" o "meditativa" que aquella del entrenamiento de fuerza intenso, siendo su única potencial competencia las largas caminatas.

Simplemente, en esta práctica vas a la guerra contigo mismo, en donde solo tu determinación y capacidad de sobrepasar el dolor mediante significado te verán del otro lado en toda serie de un ejercicio determinado.

Esto más aun sabiendo, como veremos en unos momentos, que aquellas repeticiones, las últimas, el último par antes de llegar al fallo, son las únicas que cuentan, el resto son solo para llegar allí, las demás son solo "de relleno."

Tanto así que, si no puedes llegar a este punto, mejor ni hacerlo. Cada serie, y todo el "entrenamiento" será una total pérdida de tiempo.

Entrenados así, correctamente, te darás cuenta que esta práctica de "superficial" no tiene nada. Además, tu aspiración no debería ser del "intelectual pero escuálido", o alguien fuerte pero vacío mentalmente, tú quieres ser ambos.

Fuerte e Intelectual.

Hombre del intelecto y de la guerra. Un rey filósofo, un hombre superior, un guerrero moderno. Es por esto que el último motivo por el que todo hombre, y el más evidente ciertamente, es aquel del fortalecimiento físico.

Fortalecimiento físico

Pongo este elemento por el que todo hombre debería levantar pesas al final, porque realmente considero que, aunque ciertamente importante, es el menos relevante de todos, particularmente en esta nueva era que se aproxima, en donde, contrario a épocas antiguas, este ya no tendrá tanta relevancia en la sociedad, o al menos no en motivos prácticos fuera del atractivo sexual.

En muchos casos, podemos fácilmente aplicar la regla de "la supervivencia del más fuerte," pero la realidad es que, con el paso del tiempo, siempre y cuando la humanidad este prevalente, así como los avances tecnológicos cada vez más acelerados, la fuerza física como tal quedará relegada a algo "opcional."

Antes, era muy importante ser fuerte físicamente, porque de hecho dependía de ello nuestra supervivencia y la de nuestra descendencia. Ahora que el conflicto bélico "mano-a-mano" y la cacería de animales ya no son algo común, naturalmente esta característica ya no es relevante.

Adicionalmente, tareas que pudieran requerir fuerza física día con día, como levantar objetos pesados por ser esto necesario, en un futuro cercano ya no tendrán que ser realizadas por nosotros mismos, con el riesgo/esfuerzo potencial que esto implica, sino que podrán ser realizados por algo más (ej., robot) o con la ayuda de alguna máquina o implemento.

Todo esto hará que la necesidad de fuerza física casi desaparezca.

No obstante, además de que inclusive con todo esto, la fuerza física jamás estará de sobra, en cuanto a fuerza física existen otras materias de su desarrollo fuera de lo muscular por las que todo hombre debería levantar pesas, y por las cuales esta práctica prevalece como vital independientemente de nuestra nueva realidad, y estos son derivados de que el entrenamiento de fuerza no solo estimula nuestro marco osteomuscular, sino toda nuestra fisonomía.

En adición a desarrollar nuestra masa osteomuscular, todo hombre debería levantar pesas porque el hacerlo así fortalece tanto nuestro sistema inmune como nuestro sistema cardiovascular y nuestro metabolismo, esto en adición a fomentar nuestra longevidad, resistencia al estrés, salud hormonal y sensación de bienestar general.

Dicho esto, ahora si veamos como mejor efectuarlo.

CÓMO HACERLO MEJOR

Si se va a hacer algo, es mejor hacerlo bien o no hacerlo en lo absoluto.

Bueno, pues esto aplica de manera extraordinariamente en cuanto al levantamiento de pesas. Centralmente, como ya vimos, cada vez que te propones a levantar pesas estás yendo a la guerra contigo mismo, priorizando la satisfacción a largo plazo sobre la gratificación instantánea.

En otras palabras, siguiendo la filosofía "mente sobre materia."

Para que esto sea cierto, y, de hecho, para que el entrenamiento tenga sentido, siempre tienes que entrenar intensamente.

De otra manera, será una pérdida de tiempo. Además, hacerlo así no solo es la manera más efectiva, sino también la más eficiente. En términos prácticos, sólo deben seguirse 4 reglas al formular tu plan de levantamiento de pesas:

1. Debe estar basado en ejercicios compuestos.

2. Se deben entrenar todas las series 1-2 repeticiones del fallo muscular.

3. Se debe evitar entrenar el mismo grupo muscular directamente 2 días seguidos.

4. Se debe entrenar el mismo grupo muscular directamente por lo menos 1 vez por semana.

En cuanto al primer punto, es sencillo de solucionar, solamente necesitas seleccionar 2-4 ejercicios compuestos respecto al grupo muscular que quieres trabajar.

Respecto al segundo, la clave está en considerar que solo las últimas 1-2 repeticiones cercanas al fallo en una serie determinada son las que cuentan; de no llegar a este punto no te estás asegurado de mandarle el estímulo suficiente a tus músculos que indiquen necesitan mantenerse/crecer. En otras palabras, todo plan de entrenamiento de fuerza bien diseñado está basado en ejercicios compuestos de trabajo intenso.

Finalmente, respecto a los 2 últimos puntos, esto es por razones de proporción adecuada estímulo: recuperación.

En realidad, la masa muscular crece cuando se recupera, no durante la sesión de levantamiento de pesas. De hecho, durante el entrenamiento los músculos están siendo dañados, es solo durante el periodo posterior que el cuerpo tiene el tiempo de reconstruir y adaptarse al daño efectuado, y otra razón por la que el dormir bien, siendo este el periodo más intenso de recuperación general del cuerpo, es tan importante en materias de recomposición corporal.

Asimismo, el estímulo muscular debe tener cierta periodicidad ya que, de no ser así, si se entrena cada grupo muscular cada 2-4 semanas, por ejemplo, la adaptación se perderá al llegar a la siguiente sesión de entrenamiento, por lo que realmente no habrá mucho crecimiento a largo plazo.

Se verá un ciclo de: ganar adaptación, perder adaptación; ganar músculo, perder músculo. El dicho "si no lo usas lo pierdes" es altamente relevante en cuanto a las adaptaciones musculares.

Ultimadamente, cumpliendo estos 4 puntos puedes estar tranquilo de que estás maximizando tus sesiones de entrenamiento de pesas, ejerciendo la mayor cantidad de trabajo en la menor cantidad de tiempo, y, por lo tanto, aplicando la proporción adecuada de estímulo para ganar masa muscular sin superar las capacidades de recuperación de tu cuerpo.

Mi recomendación, trata de ir a un punto medio en lugar de los extremos para que te sea accesible mantener la misma rutina en toda fase de recomposición corporal, sin tener que modificar. En cuanto a números, esto significa entrenar 2-4 veces a la semana, en donde trabajes directamente cada grupo muscular 1-2 veces por semana—2 es lo ideal, pero no "necesario;" y cada sesión está conformada por 2-4 ejercicios compuestos con 1-2 adicionales de aislamiento de manera opcional.

En donde caigas dentro de estos rangos dependerá de tu preferencia y disponibilidad de tiempo particular. Respecto a cantidad de repeticiones 4-12 es preferente, optando por el extremo inferior del rango (4-8) para ejercicios compuestos y el sector superior (8-12) para aquellos auxiliares/de-aislamiento.

No obstante, realmente puede emplearse cualquier rango para todo ejercicio siempre y cuando se cumpla con la regla #2—toda serie realizada 1-2 repeticiones del fallo muscular.

Por supuesto, en todos los ejercicios, el realizarlos de forma correcta es crucial. Pocos ejercicios son "peligrosos" en sí mismos, pero todos tienen el potencial de serlo si se hacen incorrectamente, más específicamente, con mala respiración, postura, y/o forma.

Si tienes dudas de cómo realizar un ejercicio determinado de manera correcta, existen multiplicidad de videos tutoriales en internet que pueden ayudarte a resolver tus dudas. Siempre opta por una buena postura sobre más peso.

Conclusivamente, todo hombre debería levantar pesas debido a que, de hacerlo bien, se tiene todo por ganar y nada que perder.

Más importante, es el paso más sencillo que todo hombre puede tomar hacia la optimización de salud y desempeño, y con ello...

¡Grandeza y Confianza!

Liderazgo y Maestría

Aunque pueda parecer una obviedad el significado de ser un buen líder, no lo es tanto. Si ahora hiciésemos una encuesta de forma aleatoria seguro que escucharíamos respuestas de este tipo:

- Una persona que manda sobre los demás.
- Una persona muy carismática.
- Una persona que tiene la habilidad de ser capaz de convencer a los demás.
- Una persona a la que se la escucha de manera reverencial.

Como ves, lo qué significa ser un buen líder no es lo mismo para todo el mundo. En este capítulo, establecemos la siguiente definición: "Un líder es un hombre que es referente para un grupo. Es un hombre que encabeza algún movimiento, grupo o institución y que se ha ganado el respeto de las otras personas que lo siguen y apoyan en sus acciones o decisiones".

¿Por qué nos parece interesante esta definición? En primer lugar, **por el concepto de "referente"**. Nos parece la palabra más apropiada para denominar la relación del líder con el grupo. Esta persona es la marca el camino o dirige al equipo porque se ha ganado el respeto de cada componente en diversas facetas:

- Con sus conocimientos.
- Con su manera de comunicarse con los demás.
- Por ser capaz de tomar decisiones.
- Por saber gestionar un momento de crisis.
- Por apoyar y entender a cada integrante.

Podríamos nombrar varias más, pero estas son las más

relevantes y las que mejor reflejan, que para que un líder pueda ser considerado como bueno debe tener fortalezas en muchos ámbitos.

LAS CARACTERÍSTICAS QUE DEFINEN A UN BUEN LÍDER

Como decíamos antes, muchas personas asimilan que un líder puede poseer atributos muy distintos. Mientras algunos ven como un buen rasgo el que tenga la capacidad de dar órdenes, otros consideran que es más determinante que sea carismático o comunicativo.

¿Cuáles son entonces los verdaderos rasgos definitorios de un líder?

Una persona puede tener muchas cualidades, pero para convertirse en todo un referente debe poseer unos atributos muy variados. En concreto debe tener, por lo menos, estas 13 características que son base:

Confianza en sí mismo: esto no implica una falta de humildad. Pero si se presenta una situación de crisis, el líder debe tener la suficiente confianza en sí mismo para poder tomar decisiones sin titubear.

Capacidad de tomar decisiones: ligada de manera indisoluble a la anterior. No se trata de que solo sea capaz de decidir, también debe tener criterio al hacerlo. Muchos hombres toman decisiones arbitrarias que el grupo o su pareja no comparte o respeta.

Comunicativo: es imposible que exista un buen líder que no sea comunicativo. El líder se debe a su grupo, necesita comunicarse con ellos para conocer todo lo que ocurre.

También es necesario que sepa transmitir las motivaciones que tiene a la hora de tomar ciertas decisiones.

Autocontrol emocional: es una lástima, pero muchos hombres nunca llegarán a ser buenos líderes por este motivo. Un líder no puede desquiciarse o perder el control de sí mismo. Da igual como sea la situación, debe ser capaz de actuar bajo presión.

Trabajar más que los demás: es curioso este punto porque muchas personas visualizan al líder como una persona que trabaja poco mientras que su grupo se desloma. La realidad es que debe ser todo lo contrario. El líder debe ser siempre el que más trabaja y el que más ayuda a los demás cuando están desbordados.

Planificación y organización: gestionar a un equipo implica tener dotes para coordinar a las personas. Debe controlar todo el proceso en todo momento.

Carismático: quizás es la característica más conocida de un líder. Todos nos imaginamos al líder como una persona sonriente y persuasiva.

Agradable y educado: se trata de la persona que representa a su grupo, por ello es importante que tenga atracción y sea capaz de relacionarse con soltura.

Empático: imprescindible también, sobre todo a la hora de entender a los miembros de su equipo. Para poder sacar el máximo potencial del grupo siempre debe conocer el estado de ánimo de cada integrante.

Cooperativo: siempre debe estar ahí, dispuesto a echar una mano o arrimar el hombro.

Justo: este punto tiene relación con lo que comentábamos antes del criterio. En cualquier situación o problema debe ser capaz de interpretar lo que sucede y tomar la decisión más justa que pueda.

Responsable: si un hombre llega a ser líder es porque se ha ganado la confianza de los demás. Esto implica hacerse responsable de sus decisiones y de las acciones de su equipo.

Optimista: una de las responsabilidades del líder, aunque no exclusiva de él, es mantener alta la motivación del equipo. Para conseguirlo, sin duda es imprescindible que mantenga siempre una actitud positiva.

EJEMPLOS DE CÓMO SER UN BUEN LÍDER

Si analizamos nuestra sociedad, podemos detectar a líderes en muchos ámbitos: Reivindicativos, deportivos, políticos, empresarios. Muchos de ellos han conseguido grandes cambios o incluso modificar la historia de nuestro tiempo. Veamos varios ejemplos de grandes líderes:

Nelson Mandela.
Todo un ejemplo de líder por su lucha contra el Apartheid.

Tras 27 años en prisión, se convierte en presidente de Sudáfrica. Líder carismático y paciente que dio una lección al mundo cuando aseguró que había perdonado a las personas que le habían encarcelado.

Mahatma Gandhi.

Cuando se habla de paz es imposible no pensar en Gandhi. Un líder que demostró al mundo que se podían hacer las cosas de otra manera, su resistencia para lograr la independencia de la India se basó en realizar huelgas de hambre. Siempre será un símbolo por predicar la no violencia.

Martin Luther King.

Otro ejemplo de líder comprometido por su lucha a favor de los derechos humanos de todas las razas. Si algo destacaba de King era su capacidad con la oratoria. Su discurso titulado "Tengo un sueño" ya se cita en todos los libros de historia.

Steve Jobs.
Otro ejemplo de cómo ser un buen líder en otro campo, en el de la empresa. El fundador de Apple ha pasado a la historia por ser un visionario, un rebelde y un trabajador incansable. Sus discursos se reproducen una y otra vez en Youtube como fuente de inspiración.

CÓMO SER UN BUEN LÍDER EMPRESARIAL Y SOCIAL

Una pregunta muy habitual en este tema es si el líder nace o se hace. Sin duda, una persona puede nacer con ciertos talentos naturales, pero como hemos visto hace falta estrategia para ser líder.

¿Cuáles son los pasos a seguir para convertirte en un buen líder?

Nos hemos centrado en cómo ser un líder en la empresa, pero no hay que olvidar lo que hemos visto antes con los ejemplos. Líderes hay muchos y en muy diferentes ámbitos. En este caso, vamos a definir 5 pasos:

1. Empieza desde abajo

No es un paso obligatorio, pero suelen ser los más respetados. La persona que ha pasado por todos los niveles y puestos lo que le brinda un conocimiento de la empresa increíble. También, es muy importante de cara al resto de compañeros ya que sentirán que es una persona que se lo ha ganado y que les puede entender al haberlo vivido todo.

2. Observa a quién te rodea

Lo más probable es que no vayas a tener la suerte de poder trabajar con una persona como Mandela o Jobs, pero eso no significa que no haya líderes a tu alrededor. O incluso personas que destacan solo en algunas de las características. Esfuérzate en localizar a las personas más admiradas de tu empresa y estúdialas para aprender de ellas.

3. Comparte tiempo con tus compañeros

Un buen líder debe conocer al dedillo con quién trabaja y lo que piensa. Al final uno de sus grandes retos será ser capaz de trabajar en equipo de una forma óptima. Pasa tiempo con las personas que trabajas y dedica tiempo a conocerlas. No solo como trabajadores, sino también como personas.

4. Esfuérzate por ser mejor cada día

Insistimos en la idea: el líder se hace, no nace. Esto implica un camino o un proceso por el que irás creciendo poco a poco. No te rindas, no en balde uno de los rasgos del líder que más suele definirles es su espíritu de superación.

5. No finjas ser quién no eres

Uno de los grandes errores de muchas personas es querer imitar a otros para convertirse en referentes. Todos queremos ser carismáticos y caer bien a nuestro alrededor, pero la realidad es que son cualidades que no se pueden copiar. Debes encontrar tu propia personalidad y esencia. No hay nada que más rechazo genere que una persona no auténtica.

¡GANAR RESPETO!

Lo primero que tengo que decirte sobre esto, aunque supongo que lo intuyes, es que para que los demás te respeten, antes debes respetarte tú mismo. No puedes esperar respeto de fuera, si primero no te lo das tú. Así que voy a proponerte algunas cosas que, sin duda, harán que te respetes y por tanto, que te respeten.

Después de esto, para que los demás nos respeten es necesario, sin lugar a dudas, tratar con respeto a las otras personas. De ninguna manera podemos esperar que se nos trate de una forma respetuosa, si nosotros no la ponemos en práctica con los otros. Una cosa que debemos hacer para que los otros nos respeten, es tener la capacidad para decir, de una manera adecuada, que algo que alguien ha hecho nos ha molestado. Esto se llama poner límites.

Esa manera adecuada de decirlo se llama asertividad, y es la capacidad de expresar lo que nos ha molestado de una forma clara y sin ofender a la persona con la que hablamos. De no hacerlo así, estaremos utilizando:

O bien una manera agresiva y siendo agresivos podemos dar miedo, pero nunca inspirar respeto. Para poder poner tus límites, primero tienes que tener muy claro cuáles son. Has de tener muy claro por qué cosas no estás dispuesto a pasar de ninguna manera, para de esta forma hacérselo saber a los que te rodean.

Aprende a decir NO.

Por otra parte, decir "no" a las peticiones que no te interesan o no te van bien, es otra manera de respetarte a ti mismo; y, por lo tanto, otra manera de que te respeten los demás.

Si dices que sí a todo, aun cuando te viene mal, los demás se acostumbrarán y pueden terminar por aprovecharse de ti, o sea...por no respetarte.

Habla bien de ti.

Otro punto que nos ayuda a ganar respeto, es hablar bien de nosotros mismos. Pero, no estoy hablando de ser vanidosos, ni de hablar constantemente y en todo momento de ti y de lo que haces bien.

Imagina por ejemplo que estás en una entrevista donde optas a un puesto de trabajo. La actitud que yo te propongo es la de hablar de tu formación, de tus cualidades, de tu experiencia y de tus ganas de trabajar. Obtendrás más respeto así que si hablas en términos de, "yo no sé si sabré...", "no sé si voy a poder..." ¿hay mucha diferencia verdad? De lo que se trata es de centrarte en tus fortalezas y en lo que puedes aportar, y no en tus debilidades. Se trata de tener seguridad en ti mismo, y eso es de respetar.

No intentes complacer a todo el mundo.

Sé amable con los demás y da las gracias cuando creas que debas hacerlo. Pero ser amable no quiere decir que tengas que complacer a todo el mundo. Cuando intentas complacer a todos los demás, en algunos momentos dejarás de complacerte a ti, con lo que estarás dejando de respetarte. Y eso ya sabes lo que conlleva, que los demás tampoco te respeten.

Cumple tus promesas.

Por otra parte, debes mantener una congruencia entre lo que dices y lo que haces y además, en lo que dices que vas a hacer. No estoy hablando de no cambiar de opinión nunca, porque eso es imposible, en algunas ocasiones cambiamos de opinión y eso es normal.

Estoy hablando de ser una persona coherente con lo que dice y con lo que hace: ser una persona auténtica, independientemente de quién esté alrededor, así como cumplir con tus promesas y con tus compromisos.

Pero, en el caso de que no puedas cumplir con esto, que a veces pasa, mejor di la verdad y no te inventes excusas... eso sin duda te hará una persona a la que respetar.

No te disculpes por todo.

Hay personas que están continuamente pidiendo perdón por todo, hasta por lo que no ha sido responsabilidad suya. No hagas esto si quieres el respeto de los demás.

Deja las disculpas para cuando realmente tengas que pedirlas. Y claro, cuando te disculpas porque consideras que debes disculparte, estarás admitiendo tu error...y eso es otra forma de ganarte el respeto ajeno.

Así que ya sabes, admite tus errores cuando los cometas.

Respeta tu tiempo.

Esto significa que para hacer las actividades que te gustan tienes que disponer de un tiempo...y ese tiempo no puedes, ni debes, ponerlo a disposición de los demás. Es tuyo y así lo tienes que hacer saber, si dejas eso claro, los demás respetarán tu tiempo y a ti.

No te quedes callado.
Cuando sientas que se te está tratando de manera incorrecta, dilo y no te quedes callado. Hacerle saber a la otra persona que ese trato no te parece el adecuado, es otra manera muy buena de respetarte a ti mismo.

Practica la escucha activa.
La mayoría de las personas, cuando están en una conversación, están más pendientes de lo que quieren decir ellos a continuación, que de lo que la otra persona les está diciendo. Sin embargo, si escuchas de verdad y de forma activa, te ganarás el respeto de los otros: además de convertirte en una persona con la que apetece hablar.

Atrévete a opinar.
No evites dar tu opinión cuando así te apetezca hacerlo. Tu opinión es la tuya, y los demás deberán aceptarla, que no compartirla. Si con algo no estás de acuerdo, estás en tu derecho de decirlo. Pero no olvides que dar tu opinión, no significa ser agresivo o cuestionar la opinión de los otros...es simplemente dar la tuya.

Acepta los elogios con un simple "gracias".
Cuando te hagan un elogio, simplemente da las gracias por él. No hagas comentarios del tipo, "bueno... no es para tanto", o "no te creas, no soy tan bueno...". Recuerda el punto de más arriba, habla bien de ti.

Procura mantener la compostura.
Ante una situación algo tensa, mantén la calma y evita actuar por impulso. Las personas demasiado impulsivas suelen meter la pata con bastante frecuencia, y eso puede dar lugar a que disminuya el respeto que se les tiene.

Por último, no olvides que la postura corporal es también muy importante para inspirar respeto. Así que, procura mantenerte erguido, firme y sereno.

Como verás, todo lo anterior son formas de respetarte a ti mismo. Pero es que eso es, sin lugar a dudas, lo que hará que te respeten los demás.

Y además de todas estas cosas: si practicas la humildad en lugar de la soberbia, porque no lo sabes todo y los demás siempre tienen algo que aportarte o enseñarte; si valoras el tiempo y el trabajo de los demás, si mantienes tu palabra, eres puntual y no andas con chismes, sin duda serás una persona digna del mayor respeto.

MAESTRÍA

Es tener un dominio sobre una o más habilidades útiles para el grupo o tribu, esto viene de la mano con el liderazgo, ya que si quieres tener un liderazgo real debes de tener la virtud de la maestría.

Las mujeres igualmente pueden desarrollar dominio en algo. Pueden ser muy buenas en alguna profesión u oficio, pero lo que hace la diferencia en cuanto a los hombres, es que los hombres en su mayoría lo hacen por ascender en la jerarquía de la tribu (o sociedad).

Es la competencia lo que nos hace adquirir el dominio en algo. Los hombres somos así, somos competitivos. Parte de los efectos de la testosterona.

Cuando el hombre tiene fuerza y coraje y además maestría en un campo determinado, esto elevará el estatus del hombre en cuestión. Será más respetado por el grupo.

También cuando un hombre carece de fuerza, por

ejemplo, la maestría lo ayudará a compensarlo.

Demostrar tu maestría es clave igualmente a la hora de generar respeto y veracidad a tus palabras...

Cuando un hombre demuestra que es bueno en algo genera admiración y respeto en los demás, hace que otros hombres quieran aprender de él.

Un ejemplo sería "Maverick" de la película Top Gun 2... Este hombre es considerado como uno de los mejores aviadores de la Armada.

Este capitán tiene que entrenar a nuevos pilotos para una misión casi imposible. Los entrenamientos eran duros y varios de los pilotos no pasaban las pruebas, se decepcionaban y algunos no obedecían bien las ordenes de capitán. Había un ejercicio donde los pilotos tenían que llegar a un objetivo en 2 minutos con 30 segundos a una altura demasiado baja y nadie podía llegar al objetivo, todos pensaron que esa misión no se podía hacer.

No fue hasta que el capitán Maverick hizo la prueba el solo, llegando al objetivo en 2 minutos 15 segundos... demostrando así una maestría y experiencia sorprendente, haciendo que los demás pilotos y almirantes llegarán a respetarlo de verdad y motivarse a lograr la misión, ya que el capitán demostró que es posible.

Sin duda, un claro ejemplo que demostrar maestría te hace respetado.

CÓMO SER ABSOLUTAMENTE BUENO EN ALGO

Algunos mitos nos han hecho creer que el talento es el encargado de separar a los mejores del resto. Sin embargo, esto no es completamente cierto: en realidad, la suerte y los éxitos anteriores tienen muy poca relación con un rendimiento excepcional.

Décadas de investigación científica y cientos de experimentos ofrecen un punto de vista alternativo de los principios subyacentes del rendimiento excepcional.

Estas percepciones científicas nos ofrecen una guía para improvisar en nuestras propias actuaciones y explicar por qué unos son más exitosos que otros.

Estos principios demuestran que se puede dominar cualquier actividad:

Mucha práctica

Al eliminar el mito del talento, podemos adoptar una visión más precisa del desarrollo de habilidades. Con la excelencia no se nace, se hace, y un entrenamiento específico de larga duración llamado "práctica profunda" nos puede ayudar a ampliar nuestros talentos y éxitos.

Si se aplican los principios de este entrenamiento, se

pueden conseguir mejorar impresionantes en todos los campos. Si no mejoramos es porque no estamos practicando de la forma correcta.

Estas son las leyes que hay que seguir:

1. Practica la "fragmentación", es decir, divide la información en pequeños fragmentos.

2. Repite tu habilidad.

3. No te estanques.

4. Resuelve los problemas y encuentra tu camino para llegar al siguiente nivel.

Desde fuera, los expertos parecen superiores a los novatos. Lo que los separa es una superestructura de habilidades desarrolladas de una forma lenta. En el ajedrez, por ejemplo, incluso si un amateur tiene tiempo para pensar y descubrir el mejor movimiento posible, el maestro solo necesitará unos segundos para reconocer su patrón y reaccionar casi de inmediato.

De media, un jugador amateur tiene acceso a unos 1.000 movimientos de ajedrez para elegir y memorizar en su memoria a corto plazo. Un maestro tiene entre 10.000 y 100.000 movimientos. Y esa es la razón por la que los expertos pueden jugar contra cientos de oponentes simultáneamente. Su reconocimiento de patrones está a un nivel completamente diferente.

Pasión y objetivos

A la mayoría nos gusta la gente apasionada. Solo hay que pensar en el cirujano dinámico que sigue estudiando nuevas técnicas para salvar vidas, el cocinero entusiasta que siempre busca diferentes formas de hacer un postre clásico o el músico creativo que no puede esperar a llegar a su estudio para grabar la canción perfecta. La gente apasionada nos inspira, y consiguen que también queramos ser apasionados.

Si se mezclan de un modo adecuado, la pasión y los objetivos son una fuente de energía inagotable. La pasión nos da energía de activación, es decir, la motivación inicial, y nace del interés. La pasión es el músculo del sprint, inspirada por nuestra necesidad humana por la novedad. Nos da una razón para empezar. Por otro lado, el objetivo es el músculo del maratón. Está desencadenado por nuestra necesidad humana por el significado y la pertenencia. Nos da una razón para seguir hacia delante. En resumen, la pasión enciende el rendimiento y el propósito lo hace duradero. Para aumentar el rendimiento, necesitamos ambas cosas.

Todos sabemos que a las personas muy exitosas les apasiona lo que hacen. Pero confundimos el origen real de esa pasión. La pasión no es algo que nos ocurre, ni tiene un botón para encenderla o apagarla. Para convertirnos en unos verdaderos apasionados sobre algo, necesitamos cultivar nuestro interés.

Aumentar la resistencia

Nuestra capacidad de resistencia, no es algo que esté fijado. Todos somos capaces de moldear nuestra mentalidad para conseguir que sea más resistente.

Todos conocemos a gente que parece que cuando la vida les golpea fuerte, tienen la capacidad de superar el golpe y ser más fuertes que nunca. Este tipo de personas no permiten que el fracaso les supere y siempre encuentran la forma de resurgir de sus cenizas. La resiliencia es vital para permitirnos alcanzar logros en el trabajo, tener relaciones satisfactorias y criar niños sanos, felices y exitosos. Este tipo de personas nos inspira y obtiene el significado del fracaso. Y usan este conocimiento para llegar más lejos.

Aprovecha esos impulsos

Aprovecha tus impulsos en el presente. Algunos de esos impulsos se conocen como "corriente" o "estar en el lugar adecuado". Es un estado mental en el que nuestras capacidades fluctúan para hacer frente al desafío que tenemos entre manos.

La corriente nos proporciona energía, mientras que la "práctica profunda" la drena. Deberíamos equilibrar la práctica con el estado de nuestra corriente para contrarrestar esa fuga de energía. Si no lo hacemos, nos quedaremos rápidamente sin energía y dejaremos de practicar. Todos podemos aumentar nuestra excelencia. No es un boleto de lotería que nos toca al nacer, está disponible para todos nosotros.

Sal ahí fuera, persigue tu sueño y descubre tu alcance verdadero

Forjar Masculinidad en la Era Actual

La sociedad de hoy te quiere débil, te quiere feminizado, te quiere fracasado, te quiere manipulable, te quiere desesperado, pero sobre todo te quiere dormido.

Pero tú demuestra ser fuerte, masculino, campeón, dominante, calmado, observador y despierto, si no tienes todas estas cualidades, ¿Qué esperas? Como dijo Séneca alguna vez: "No es que tengamos poco tiempo, sino que perdemos mucho".

Las conquistas del feminismo han colocado a los hombres en lugares donde nunca estuvieron, generándoles grandes incertidumbres sobre su identidad.

La Sociedad actual está diseñada para feminizar al hombre, despojarlo de sus naturales características masculinas y hacerlo débil porque los hombres débiles y desnaturalizados son fáciles de mantener sometidos.

Un claro ejemplo de lo anterior, es una encuesta realizada al público en general sobre a quien se consideraba el hombre más guapo del mundo donde el primer lugar se lo llevo una estrella de Corea del Sur como se muestra en la imagen anterior y el segundo puesto se lo queda Henrry Cavill. Investigando un poco sobre el tema quedo claro que la encuesta se llenó de jóvenes fanáticas de esa estrella y es por eso que el cantante se llevó el primer lugar.

Esto solo es un ejemplo que la actual sociedad y las futuras generaciones aprecian más a los hombres más "femeninos" o mejor dicho en sus palabras Hombres que no tengan "masculinidad frágil" o con "nuevas masculinidades" …

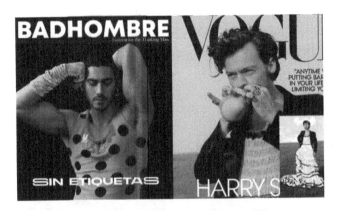

Esto existía antes, pero en estos tiempos es más promovido e incluso alabado por la sociedad. Las empresas incluso apoyan esto, pero la realidad lo que apoyan es el dinero que les dejan estas comunidades.

La sociedad te anda repitiendo que debes ser igual de emotivo que las mujeres, que no hay problema en que llores y que te muestres vulnerable. Pero cuando finalmente les haces caso, a nadie le interesan tus lágrimas o tu vulnerabilidad, por el contrario, todos te pierden el respeto y empiezan a pasar por encima tuyo. En la realidad el mundo es muy cruel con los débiles.

Olvídate de toda la basura ideológica que trata de despojarte de tu masculinidad. Los hombres tenemos otras formas de desahogar y canalizar nuestras emociones, como a través de entrenamiento intenso o actividades productivas. Si vas a llorar, hazlo en privado, no en frente de nadie y jamás en frente de una mujer.

Si te es muy necesario puedes llorar con un amigo muy cercano, tu padre o tu madre, pero ten en cuenta que tu mejor compañía siempre serás tú mismo, aprende a llorar y superar las dificultades contigo mismo.

Cultiva un espíritu estoico y resiliente, porque eso te ayudará superar las vicisitudes mejor que ser un blandengue. Y recuerda que, como hombre, el sufrimiento te hará más fuerte y masculino. No trates de huir de él.

Hoy la llamada crisis de la masculinidad se ha instalado entre los hombres, arroja un panorama complejo. Por una parte, muchos adolescentes, jóvenes y hombres ya maduros, se afirman en los valores convencionales de la masculinidad hegemónica, que reivindican a los hombres de antes.

Mientras que amplios grupos de adolescentes se atrincheran en estas masculinidades tradicionales frente a las incertidumbres de género, esta incertidumbre lleva a otros a explorar, precipitadamente, las opciones *trans*, cuando la perplejidad sobre su identidad se hace presente en sus vidas al final de la pubertad y comienzos de la adolescencia, y el fácil acceso a los videos de jóvenes *trans* en las redes les proporciona un rápido modelo a seguir. Este grupo de jóvenes que transitan entre un género y otro, o que reinventan una masculinidad híbrida muy teatral, están en las antípodas de los primeros.

Pero, entre quienes se refugian en las masculinidades tradicionales y quienes transitan hacia otra "identidad", muchos de los hombres que hoy se encuentran entre los treinta y cuarenta años se esfuerzan por adaptar su comportamiento a las exigencias de igualdad que la sociedad actual les impone, si bien en su interior, habita todavía en muchos aspectos un hombre del siglo XIX.

En una época en la que se condena la masculinidad en todas sus formas y se ensalza a las mujeres porque están asumiendo el rol de los hombres en todas las áreas, urge que los varones reivindiquemos nuestro lugar en el mundo.

La "**masculinidad tóxica**" no existe, simplemente existe la masculinidad y punto. Otra cosa es que haya rasgos de la masculinidad que no les gusta o no les conviene a las mujeres modernas y a los hombres afeminados que están en puestos de poder. Hoy el problema verdadero es que a los hombres les falta forjar verdadera masculinidad.

Décadas de adoctrinamiento feminista y políticas ginocentristas han condicionado a la mayoría de los hombres del planeta a que sean versiones fallidas de una mujer. Hombres que no saben controlar sus emociones porque les dijeron desde pequeños que tienen que ser igual de sentimentales que las mujeres. Hombres tímidos, débiles y con mucha ira reprimida porque les dijeron desde pequeños que esa agresividad y competitividad natural que desplegaban era mala y que tenían que ser inofensivos para ser pacíficos. Hombres muy confundidos porque ven por todas partes mujeres actuando como hombres y hombres actuando como mujeres, y que además son aplaudidos por esto.

Hombres frustrados sexualmente porque les enseñaron que sus impulsos naturales son perjudiciales, mientras que contemplan al mundo celebrando el "empoderamiento" de las mujeres promiscuas.

No existe la "masculinidad tóxica", pero sí existen hombres tóxicos que dañan a otras personas precisamente como resultado de toda esa represión y satanización de su masculinidad.

Estamos viviendo en medio de un fracaso social sin precedentes. Debemos ignorar lo que las feministas y sus aliados tratan de definir a conveniencia como "masculinidad" y empezar a demostrar que nuestras características masculinas naturales son lo único que mantendrá en pie nuestra civilización.

Y es que esta generación se ha vuelto débil en sentido emocional y esto debido a la sociedad actual. Cada vez más adultos varones son sólo niños en el cuerpo de un adulto. Pueden tener trabajo, pareja y hasta ser prósperos, pero en el fondo siguen siendo niños que dependen de alguien más, especialmente en sentido emocional.

Estos niños en el cuerpo de un hombre nunca han estado realmente expuestos a la soledad ni a la carencia, porque siempre tuvieron la (sobre)protección de sus padres en sentido material, económico y laboral.

Por supuesto que ese es el deber de todo padre, pero en el afán de proveerles todo se les está privando a las nuevas generaciones de hombres de que se pongan a prueba y se ganen su lugar en el mundo... Forjar su masculinidad en la incertidumbre y el sufrimiento.

Históricamente, el varón siempre ha tenido que salir de la tribu o de su núcleo familiar y luchar contra todo tipo de adversidades para convertirse en hombre, no había otra manera.

Solamente a través de la necesidad y el desamparo es que se activan las características masculinas que convierten a un niño en un hombre. Solamente cuando ese niño tiene que luchar por su propia supervivencia es que se convierte en un hombre.

EDUCACIÓN ESPARTANA

Esparta implantó una estricta educación destinada a conseguir ciudadanos sanos y fuertes. De acuerdo con Plutarco nada más nacer, el niño era examinado por una comisión de ancianos en la Lesjé, para determinar si era hermoso y de constitución robusta. En caso contrario se le llevaba al Apóthetas, una zona barrancosa al pie del Taigeto, donde se le arrojaba o abandonaba en una cima.

Se buscaba eliminar así toda boca improductiva. Si el niño superaba la prueba, era confiado a su familia para que lo criase.

Durante su estancia en el ámbito familiar no se mimaba al niño.

Se instruía especialmente a las nodrizas para que lo criaran sin pañales que constriñesen su crecimiento o debilitaran su resistencia al frío y al calor.

Al niño pequeño se le prohibía toda clase de melindres, caprichos o rabietas, y debía acostumbrarse a estar solo y a no temer a la oscuridad.

Era también costumbre bañarlos con vino, pues existía la creencia (así lo afirma el mismo Aristóteles) de que provocaba convulsiones, haciendo que las naturalezas enfermizas sucumbieran enseguida y robusteciendo, en cambio, las sanas.

Las nodrizas espartanas llegaron a gozar de fama en algunas regiones de Grecia.

Al cumplir los siete años, los niños espartanos abandonaban su casa y quedaban bajo la autoridad de un paidónomo, magistrado especializado que supervisaba la educación. Se integraban a un cuartel, especie de unidad militar infantil, bajo el mando de un muchacho mayor, el irén (de diecinueve años cumplidos).

Aprendían entonces a leer y a escribir, así como a cantar. Pero lo esencial de su formación consistía en endurecerlos físicamente por medio de la lucha y el atletismo, y en aprender el manejo de las armas, a marchar en formación y, por encima de todo, a obedecer ciegamente a sus superiores y buscar siempre el bien de la ciudad.

El Estado asume la tutela hasta los veinte años. Durante la infancia, todo el énfasis se pone en el rigor y la disciplina. Estos dos principios son la quintaesencia de lo espartano.

A los niños se les corta el pelo al rape, van habitualmente descalzos y hacia los doce años sólo se les permite ya un manto de lana de una pieza al año y ningún quitón (la habitual túnica corta, atada sobre los hombros).

De hecho, la mayor parte del tiempo -en el gimnasio, en sus juegos- van desnudos y mugrientos, porque raramente se les permite bañarse. Las raciones de comida se reducen al mínimo imprescindible, lo que les obliga a robar si quieren evitar el hambre o así se lo manda su irén (y, de ser sorprendidos, se les castiga severamente no por el robo mismo, sino por su torpeza al cometerlo).

Duermen en un lecho de cañas recogidas en el Eurotas, que deben cortar a mano ellos mismos, sin herramientas de ninguna clase. Pese a todo, los niños y jóvenes cuentan con servidores que les atienden, salvo durante la Krypteia.

Al convertirse en efebos (hacia los quince años) se dejaban el cabello largo propio de los soldados, limpio y perfumado, en honor de la opinión atribuida a Licurgo, para quien la melena hacía a los guapos más apuestos y a los feos más temibles. Se esperaba del joven que llegara a expresar sus ideas con solidez, pero de forma breve y mordaz, al tiempo que con gracia.

Toda la ciudad vela por la disciplina de los jóvenes. Cualquier ciudadano o compañero de más edad que él puede reñir a los niños o sancionarlos con castigos físicos: hacerles pasar hambre, morderles el pulgar, azotarlos, etc. Esta dureza, lejos de ser herencia de Licurgo, irá incrementándose a lo largo de los siglos de manera completamente inconexa con las auténticas necesidades militares de la ciudad.

Durante la adolescencia, se pone especial énfasis en el aidós ("pudor", "decencia"). En la primera edad adulta se insistirá de modo particular en la emulación y la competencia, principalmente para llegar a ser uno de los "Hippeis". A partir de los veinte años, los jóvenes espartanos siguen viviendo en un régimen de cuartel y forman los grupos de sfareis (jugadores de pelota). Todo este entrenamiento hace de los espartanos los soldados más temidos de Grecia y figuran, probablemente, entre los mejores combatientes de la Antigüedad.

¿Tienes que hacer tú lo mismo? Claro que no, la educación Espartana la colocamos de ejemplo para que te des una idea de cómo era la crianza de los guerreros más temidos de Grecia.

Actualmente... ¿Cómo aplicar algo de la educación Espartana?

Si tienes más de 25 y sigues viviendo bajo el techo de tus padres y no sales de ahí porque le tienes terror a vivir en alquiler, si tienes tiempo para jugar videojuegos o ver maratones de series, si nunca te has peleado con otro hombre o si tienes problemas de obesidad, depresión o cualquier "trastorno" de la conducta... no eres más que un niño.

No estamos apoyando la violencia, ni mucho menos. El enojo solo es una muestra de debilidad en tu carácter, pelear también significa defender tus propios ideales, detener a otros cuando estén intentando humillarte, defenderte cuando la situación lo amerita y defender a los tuyos.

Claro, si tienes la oportunidad de hacer un entrenamiento de combate o entrenar un arte marcial, tómala, esto te ayudará a librarte al miedo a los golpes y sentirás algo de la esencia de la masculinidad antigua. No es nada grato pensar que un día vas a tener que defender con los puños tu integridad, a tu familia o hasta tus ideales, pero poco ha cambiado en realidad desde que vivíamos en tribus pese a todos los adelantos y la civilización.

No va a faltar un envidioso o cualquier enemigo que querrá imponerse ante ti por la fuerza, y es ahí en donde debes demostrar que estás preparado. Si vas al gimnasio, excelente, pero complementa tu entrenamiento físico con algún arte marcial para preparar tu cuerpo y tu mente ante amenazas externas y con ejercicios de resistencia como salir a correr o HIIT. Conviértete en una bestia, pero controla ese poder destructivo y úsalo sólo como último recurso.

> **"Es mejor ser un guerrero en un jardín, que un jardinero en una guerra".**

Como hombre sólo tienes dos opciones en la vida: ser masculino o ser miserable.

Asume tu naturaleza masculina: desafíate, conquista, emprende, protege, supérate.

Rechaza el adoctrinamiento generalizado que te quiere débil, feminizado y hasta desviado. El mundo necesita desesperadamente más masculinidad, no menos.

La sociedad está diseñada para esclavizarte. Hay una razón por la que la pornografía es gratis, la comida rápida barata y la droga fácilmente accesible. Quieren que seas un perdedor, y ese es el problema de la "masculinidad" actual. Las mujeres quieren cambiar al hombre y "reconstruir la masculinidad", porque piensan que un hombre "masculino" es aquel machista que quiere que su mujer haga todo sin el aportar, que recurre a gritos y a la violencia cuando las cosas no salen como quiere, que son esclavos de su deseo sexual y no pueden controlarse.

Pero esos son hombres a los cuales les falto un padre, tiene una mala educación, fueron sobreprotegidos y les dieron todo desde chicos o incluso son hombres enfermos, rechazados de la sociedad, resentidos que piensan que el mundo les debe algo.

Los hombres realmente masculinos protegen a los suyos, saben controlar sus impulsos de ira y sus impulsos sexuales, saben dialogar ante los problemas, buscar soluciones y si han sido rechazados, siguen intentándolo y no se rinden ante la primera dificultad... ante la primera piedra en su vida.

El mundo moderno necesita desesperadamente más hombres que conquisten, asuman responsabilidades, inspiren a los demás, luchen por una causa y defiendan lo que es suyo.

"Ya es hora de que dejes de ser un niño..."

CONSEJOS PARA AUMENTAR TU VIRILIDAD

¿Cómo puedo ser más masculino?

Para dar respuesta a esta interrogante, partiremos haciendo otra pregunta ¿Por qué cuando vemos fotografías antiguas de nuestros ancestros, ya sean abuelos o bisabuelos, o fotografías de soldados de los siglos pasados, sentimos que esa energía masculina es claramente visible tan sólo con su vigorosa mirada?

He tratado de responderme y estas dos palabras lo describen muy bien: Influencia y relación, no saben lo hermoso y sabio que es la influencia masculina sobre otros hombres, en especial de padre a hijo es por ello que un hijo dejado al cuidado exclusivo de su madre sin influencia masculina externa está siendo condenado al fracaso, pues la madre más amorosa no puede guiar adecuadamente a su hijo, porque carece de la abstracción necesaria para comprender o empatizar con el punto de vista existencial masculino.

Pero algunos objetarán, vale mi padre me abandonó, y me crio mi madre, pero no me siento poco masculino, está bien y te creo, pero inevitablemente en tu desarrollo has debido tener de una u otra manera influencia masculina, aunque no como la que tu padre debería haber forjado en ti desde el principio, y soy un fiel creyente que el hijo debe pasar más tiempo con su padre que con su madre.

Y ¿Cómo entonces puedo yo volverme más masculino? Pues primero trata de relacionarte con gente madura que te aconseje, pues como dice un proverbio, "La gloria de los jóvenes es su fuerza, y la honra de los ancianos, sus canas". En segunda instancia te recomiendo profundamente la educación física, aprovecha tu tiempo de ocio para ejercitarte, porque tu cuerpo te lo agradecerá después, estudia y adquiere tanto conocimiento como puedas, nunca te sacies; medita cada día y no trates de evitar los problemas, pues es esa constante exposición ante las adversidades lo que endurece el alma y la moldea para adaptarse a cualquier situación, aliméntate de verdad, no subestimes tu nutrición, y por último no permitas que las distracciones ahoguen tus metas.

El doctor en Psicología Andrés Arriaga considera que sí existe un concepto de masculinidad muy básico y primigenio, desde la aparición del homo-sapiens hace cientos de miles de años. Y lo ubica en una zona específica del cerebro: "La sensación de seguridad, la protección, el macho que lleva la comida a casa, que lleva el calor al hogar... son impulsos localizados en el mesencéfalo, que es la parte más pegada a la especie humana, a lo antropológico.

Aquí te vamos a compartir algunos consejos básicos que todo hombre debe saber o aprender (Algunas cosas son simples, cosas básicas, algunas las puedes considerar algo absurdas, pero, inconscientemente o conscientemente aumentarán tu masculinidad):

1. Aprender a manejar. Esto incluye saber conducir un automóvil estándar. Saber conducir es clave en la vida de un hombre ya que eso te ayuda a desplazarte a donde tú quieras sin depender de nadie. Debes saber conducir un auto estándar ya que en cualquier momento te pueden pedir conducir un auto de estos y debes estar preparado, además también es clave que aprendas de mecánica básica.

2. No ser esclavo de las redes sociales. Estar subiendo fotos o memes a cada rato en tus redes solo demuestra que tienes demasiado tiempo libre, enfócate en cosas que te aumenten de valor y que te ayudan a progresar y claro de vez en cuando sube alguna historia o post.

3. Hablar bien, sin decir groserías. Las groserías por lo regular son comunes en el vocabulario de un joven sin madurez y si tú ya eres un hombre, pero sigues diciendo groserías de forma natural en tu lenguaje, debes cambiarlo... habla de forma madura, ya no eres un niño.

Claramente hay momentos para decir alguna grosería, pero que no sea algo común en tu forma de hablar.

4. Aprende a cocinar. Esto es clave, aprender a preparar tus propios alimentos y llevar un control sobre ellos es fundamental para aumentar tu independencia y desarrollarte.

5. Aprende a beber. Muchos jóvenes y hombres adultos también se dejan llevar por la bebida hasta el punto de estar completamente alcoholizados. Muchos hombres lo hacen para divertirse, para convivir con sus "amigos" o para escapar de sus problemas por un momento... aprende a decir NO. El problema no es beber, el problema es hacerlo en exceso y sin sentido.

6. Habla lento y claro. Trabaja en no hablar rápido, lo mejor es hablar lento y alto para que los demás te escuchen. Una voz grave genera más presencia masculina.

7. Tener liderazgo y maestría en algún deporte o actividad.

8. Tener un cuerpo tonificado y con músculos.

9. Hablar menos, escuchar más. Por algo tenemos 2 oídos y una boca, aprende a escuchar más a las personas y opina sobre el tema solo si es necesario.

10. Tener un buen aseo personal. Estar limpio y con un buen olor es crucial, claro está que algunos hombres llevan esto a otro nivel, aprende a ser equilibrado... un hombre que se cuida más que una mujer en el tema físico no demuestra virilidad.

11. Dejarse la barba. La barba siempre ha sido un símbolo de masculinidad en el hombre, lo recomendable es tener una barba de días o semanas, pero si optas por dejarte una barba larga debes mantenerla limpia y recortada.

12. Ser alguien que domina otro idioma. Esto es algo interesante, pero al saber otro idioma y de preferencia el inglés demuestras que eres un hombre culto y con conocimientos. El inglés es de los idiomas más hablados en el mundo y saberlo hablar te abrirá muchas puertas,

tanto en conocimiento, socialmente y laboralmente... a la vez que demostrarás maestría.

13. Evitar las peleas. Debes aprender a controlar tu ira y aprender a resolver los problemas hablando, como hombres maduros y utilizar la violencia como último recurso.

14. Reparaciones varias. Es bueno que aprendas de reparaciones básicas del hogar, que sepas un poco de carpintería, fontanería y electricidad te hará un hombre hábil.

Estos solo fueron algunos aspectos básicos sobre la virilidad y tu desarrollo individual como hombre, tu madurez y tu independencia. Ser varonil implica muchas cosas y de eso se trata precisamente este libro de forjar tu masculinidad, así que desde el capítulo 1 hasta el final del libro, todo influye en forjar tu masculinidad.

El Camino de un Hombre no viene de una revolución, ni con el apoyo del Gobierno, ni con el Estado, ni con las mujeres, ni menos con las grandes corporaciones. Viene del camino que se forja cada uno y de tu grupo, tus amigos, tu "tribú". Bueno, y ¿es realmente importante tener un buen grupo?

Tener un grupo unido por hombres aliados para hacer valer sus intereses frente a fuerzas externas y con buenos hábitos que te ayuden a impulsarte es fundamental.

"Eres el promedio de las 5 personas que te rodean"

Tener un buen grupo te ayudará a forjar de manera más efectiva tu masculinidad y más adelante hablaremos precisamente de esto.

LA CABALLEROSIDAD: UNA ARMADURA OXIDADA

Esto subtema no es algo 100% masculinidad, pero la caballerosidad es importante ya que muchos hombres se quejan de que en la actualidad es difícil ser "un caballero", pues saben que algunas mujeres se sienten incómodas hacia ciertas costumbres de la caballerosidad, como el hecho de que los hombres tengan que abrirles la puerta o dejar que ellas entren primero a cualquier lugar.

Pero también hay otras que exigen que se les trate como a "una dama" o que siempre sean ellos quienes les paguen la cuenta. ¿Entonces de qué se trata? No es tan confuso como parece. Quizá sea necesario analizar qué es lo que realmente significa la palabra "caballerosidad" y lo que unos y otras entendemos por ella.

La caballerosidad significa, literalmente, el código de buenas maneras que tenían los caballeros, o sea: la forma en cómo se comportaban estos personajes medievales vestidos con armadura y espada. Más que rescatar princesas o matar dragones, los caballeros ayudaban a quienes lo necesitaran. Usaban su fortaleza e ingenio para cuidar de las demás personas, desde el rey o la reina hasta las campesinas y los campesinos del pueblo.

Visto de esa manera, la caballerosidad es algo bueno y necesario, pero no es un deber exclusivo de los hombres.

La amabilidad es escasa actualmente, por eso es tan satisfactorio recibirla y practicarla. Ten en cuenta que la actual sociedad hay mujeres que son "extremistas" y que a la mayoría de acciones que hace un hombre las verás como "machismo" u "acoso".

No dejes de ser un caballero con las personas solo por este tipo de mujeres, se un caballero con los ancianos, niños, mujeres e incluso otros hombres.

Si llegas a encontrarte alguna mujer que desprecie la amabilidad que le ofreces, simplemente no se la vuelvas a ofrecer, pero no cambies tu forma de ser por estas mujeres que solo afectan a la sociedad.

TESTOSTERONA

Los hombres de hoy tienen menos testosterona que los de antes y por eso surge la pregunta...

¿Está en crisis la masculinidad?

La cuestión ha suscitado infinidad de debates y divagaciones durante la última década, fruto de los roles cambiantes del hombre en la sociedad y del empuje del pensamiento feminista y conservador. Pero más allá de la teoría, hay pocos datos que evidencien una transformación de calado entre los hombres de ayer y de hoy. Eso sí, entre la escasez destaca una tendencia clara: la testosterona parece haber entrado en decadencia.

Lo ilustra un estudio publicado en The Journal of Sexual Medicine.

Tras analizar los índices hormonales de más de 4.000 jóvenes estadounidenses entre 1999 y 2016, los investigadores descubrieron que los hombres nacidos durante la pasada década presentaban niveles de testosterona más bajos que aquellos llegados al mundo durante los primeros años del siglo XXI. Todo ello controlando por edad o por índice de masa corporal.

No es el primer trabajo que apunta a algo parecido. Ya en 2007 un estudio publicado por New England Research identificaba un descenso del 17% en los niveles de testosterona entre los hombres de 65 años de 2002 y los hombres de 65 años de 1987.

Otra investigación centrada en más de 5.000 hombres daneses ilustraba apuntaba en la misma dirección. Los hombres de hoy tenemos menos testosterona que los de ayer, en un declive del ~0,5% anual.

Sabemos que la testosterona tiende a decrecer con la edad, y los escasos científicos dedicados a la materia han observado decrecimientos similares en todas las cohortes. Pese a todo, como el trabajo danés explica, que aún hay problemas metodológicos derivados de la fiabilidad de las muestras y de los métodos empleados en cada generación (los estudios se basan en información recopilada a lo largo de décadas).

¿Por qué? Es la pregunta del millón. Aquí se recopilan algunas respuestas posibles: desde el abandono del tabaco (cosas de la vida, resulta que la nicotina estimula la producción de testosterona) hasta el tránsito hacia una vida cada vez más sedentaria, pasando por la contaminación atmosférica (otro de sus muchos efectos nocivos para la salud) hasta un amplio abanico de transformaciones en la forma en la que vivimos y nos relacionamos.

Los hombres de hoy se desempeñan menos en tareas físicas y llevan una vida más sedentaria. Factores que pueden estar relacionados con la caída de la testosterona. En cualquiera de los casos, las respuestas a la cuestión son aún dubitativas. No tenemos claro por qué está pasando.

¿Qué significa? Por un lado, que cada vez más hombres están recurriendo a fármacos que disparan los niveles de testosterona. Por otro, un círculo vicioso: la obesidad entre varones camina al alza, lo que deprime la testosterona, y lo que a su vez dispara las probabilidades de desarrollar obesidad. Menos testosterona también implica menor libido (también estamos teniendo menos sexo que antes), menor energía física y, aunque aquí la evidencia es más tenue, más riesgo de depresión. Vínculos débiles.

Nada de esto hará a nuestras sociedades más pacíficas o menos proclives a la violencia. Pese al viejo mantra gestado durante los setenta y los ochenta, la conexión entre la testosterona y los hombres violentos es más bien débil. Juega un rol amplificando las dinámicas de competitividad ya existentes en la sociedad, pero no es una hormona que prediga los niveles de agresividad de un hombre cualquiera.
¿Está relacionado esto con la "crisis de la masculinidad"?

Son dos cuestiones que, a día de hoy, caminan en paralelo.

Está por ver que una menor testosterona cambie nuestras nociones de "masculinidad" a un nivel tan profundo como las transformaciones sociales, culturales y económicas lo están haciendo.

¿QUÉ ES LA TESTOSTERONA?

Aunque la testosterona es una hormona fundamental en el organismo masculino, no son pocos los hombres que se siguen preguntando para qué sirve la testosterona realmente.

La testosterona es una hormona sexual y esta es producida principalmente por las gónadas (testículos en los hombres, ovarios en las mujeres), aunque también las glándulas suprarrenales producen ciertas cantidades.

Esta hormona realiza funciones realmente importantes en el cuerpo humano, especialmente en el de los hombres. Sin embargo, como el resto de hormonas, puede tener efectos negativos si no está controlada. Precisamente por eso es imprescindible mantenerla dentro de los parámetros normales

¿PARA QUÉ SIRVE LA TESTOSTERONA EN LOS HOMBRES?

1. Antes de nacer, durante la gestación, es la testosterona la encargada de generar la diferenciación del sexo en el bebé, ya que esta hormona es la que provoca la formación del sistema reproductor masculino.

2. Durante la adolescencia del varón, la testosterona desarrolla caracteres sexuales secundarios como el vello púbico y facial, el cambio de una voz de aguda a otra más grave y, por supuesto, el desarrollo y buen funcionamiento del órgano reproductor masculino.

3. La testosterona es la encargada del mantenimiento y aumento de la libido, actuando así en la provocación y mantenimiento de erecciones.

4. Otra responsabilidad importante de la testosterona es la de la formación y maduración de los espermatozoides, y de esta forma el desarrollo de un semen de calidad adecuada para conseguir la fecundación.

5. La testosterona tiene muchas más funciones al margen de lo sexuales. Participa en la formación de los huesos y su mantenimiento con los años, evitando fracturas y la aparición de enfermedades como la osteoporosis.

   Además, colabora con el crecimiento de la glándula prostática, acelera el metabolismo del hombre, y disminuye el nivel de colesterol malo en sangre.

6. Una función muy relevante de la testosterona también, es que está íntimamente relacionada con el incremento de la masa muscular en los hombres, lo que es vital para el rendimiento del cuerpo a la hora de hacer deporte, y permite que el hombre desarrolle musculatura con mayor rapidez.

7. Provoca y mantiene una sensación de bienestar general.

¿QUÉ PASA SI TENGO UN NIVEL BAJO DE TESTOSTERONA?

En cuanto a la salud sexual: disminuye el deseo sexual, baja la libido, y disminuye la calidad frecuencia de las erecciones, provocando disfunción eréctil.

Irritabilidad, insomnio, depresión, ansiedad y mal humor.

Surgen los problemas de concentración y memoria.

Incremento de la grasa corporal, por tanto, aumento de peso. Con el peligro que esto conlleva por la aparición de enfermedades cardiovasculares y diabetes.

Puede producir ginecomastia: Aumento de las mamas en el hombre.

Reducción de la densidad ósea
.
Pérdida de cabello y vello corporal.

Disminución de la calidad y cantidad del semen.

Dolores de cabeza, sudoraciones, dolores musculares y articulares.

En los hombres, a partir de los 30 años de edad, los niveles de testosterona van disminuyendo gradualmente.

Esto afecta a la vida sexual y salud del hombre... pero hay cosas en general que hacen que tu testosterona disminuya y no solo es la edad...

COSAS QUE BAJAN LOS NIVELES DE TESTOSTERONA

En los últimos años, sobre todo mediante la red social "TikTok", se ha esparcido el rumor de que la pornografía y la masturbación son dañinas para la salud, no solo física, sino, también mental del hombre que la consume y práctica, este rumor o creencia se explica en la supuesta pérdida de testosterona que sucede durante cada eyaculación y... en el caso de la pornografía, a la sobre exposición de estímulos sexuales que causan una fuerte disparidad con la realidad, pero...

¿Qué tan cierto es esto?

Comencemos por la masturbación y su impacto en los niveles de testosterona, según una investigación de la Zhejiang University – China, los niveles de testosterona presentan un pico de aumento durante el acto sexual o la masturbación, para después de haber sido concretado o llegar a la eyaculación, regresar al parámetro promedio, el cual, está fijado en 300 a 1,000 nanogramos por decilitro.

Es decir, la creencia de que la masturbación y posterior eyaculación generan una pérdida de testosterona es falsa, pero, debemos decir que en esta misma investigación se descubrió que, luego de 7 días de abstinencia sexual o masturbación, los niveles de testosterona aumentaron un **146%**, entonces...

¿se trata de una verdad mal interpretada?

Bueno, para aclarar aún más el panorama, según un estudio publicado por Sexual Behaviour Archives (revista de investigación académica internacional en temas de sexología), la exposición a contenidos o estímulos eróticos puede aumentar los niveles de testosterona hasta un 35%, esto sin tener ningún contacto o actividad sexual, es decir, sin masturbarse ni eyacular, así que... podemos argumentar que NO, la masturbación no reduce tus niveles de testosterona, pero, tanto la abstinencia sexual y los estímulos sexuales y excitación esporádica SÍ elevan tu producción y concentración de testosterona.

Ahora, por el lado de la pornografía, si bien esta ha estado presente desde mucho antes del internet, el VHS y la televisión misma, lo cierto es que las investigaciones sobre sus efectos en la actividad psicológica de los hombres es muy reciente, en este sentido, según una línea de investigación a cargo de científicos del Instituto Max Planck de Berlín, nos habla de que la pornografía tiene un efecto similar al de las drogas sintéticas en nuestro organismo, es decir, que con el paso del tiempo su consumo es cada vez más prolongado, ya que, nuestro cerebro se acostumbra a los estímulos sexuales, generando así una tolerancia, lo que a su vez se traduce como una adicción, en palabras sencillas:

"Más y "mejor" pornografía para conseguir el placer buscado".

Está conducta se llama "plasticidad cerebral" y como ya lo mencionamos, se trata de la capacidad natural de nuestro cerebro para adaptarse y acostumbrarse a estímulos del exterior, así como muchas personas son capaces de levantarse todos los días a determinada hora (con o sin despertador), porque ya "lo tienen grabado en su mente", así mismo sucede con la pornografía, se vuelve una necesidad porque "ya está grabada en la mente".

Como toda adicción o mal hábito, esto termina por

repercutir en la vida de quien lo posee, ya que, la misma investigación ha determinado que las personas que consumen pornografía regularmente, son propensas a sufrir disfunciones sexuales tales como: dificultades en mantener una erección, imposibilidad de excitarse y llegar al orgasmo, disminución de apetito sexual para con su pareja y en casos extremos, una completa abstinencia de relaciones sexuales con otras personas, esto, derivado de la frustración por no conseguir el mismo placer que SÍ obtienen mediante la pornografía.

A la par de esto, también se puede agregar la disociación con la realidad y las actividades vistas en la pornografía, tales como las conductas violentas o de sometimiento, las cuales, al final del día son parte de una "ficción" dentro del set de grabación pornográfico, pero, no por eso son del gusto o agrado de todas las personas en su intimidad en la vida real, esto último es muy importante, ya que, se abre una puerta para la violencia y el abuso sexual "sin dolo" (sin la intención consciente de lastimar a la otra persona), solo por creer que el sexo debe ser como lo muestra la pornografía.

En este caso, regresando a los rumores y creencias esparcidas por redes sociales, la pornografía SÍ es dañina, pero, no solo para los hombres que la consumen, sino, en general para sus parejas y por ende para el resto de la sociedad que interactúa con ellos día con día, a pesar de no hacerlo de manera íntima.

Así que ya lo sabes, la masturbación no es mala como se cree y a su vez la pornografía no es tan inofensiva como se cree, al final del día, es muy respetable que cada hombre experimente y disfrute su sexualidad como mejor le parezca, por supuesto, siempre y cuando no afecte la integridad ni los derechos de terceros.

El problema real es la adicción que la masturbación y la pornografía, porque como vimos, este mal hábito te puede llegar a afectar de diversas formas que ni te imaginas.

De forma sutil va acabando con tu vida y tus relaciones.

Evita caer en esta "droga".

CÓMO AUMENTAR LA TESTOSTERONA DE UNA FORMA NATURAL

La virilidad está asociada a la testosterona. La erección, el deseo sexual, la depresión, la concentración y la memoria son solo algunos aspectos en los que la testosterona juega un papel muy importante.

Además de ser fundamental en la sexualidad masculina, cumple otras funciones de gran relevancia, como el mantenimiento de la densidad ósea, niveles de los glóbulos rojos y sensación de bienestar.

Aquí te daremos algunos consejos para que, aumentes tu testosterona, te pongas como un toro.

Pierde peso

Los kilos no ayudan en ningún sentido. Quítatelos, también para ser más viril, ya que, según repetidos estudios de la Endocrine Society's, los hombres con sobrepeso son más propensos a tener niveles bajos de testosterona.

Y para evitarlo solo hay dos fórmulas: cuidar la alimentación y hacer más ejercicio.

¡Olvídate de los azúcares! Los niveles de esta hormona masculina disminuyen después de ingerirla. En lo que se refiere a comidas y bebidas, hay que reducirlos o eliminarlos.

Reduce o elimina el consumo de alcohol.

Mantén un ritmo alimenticio saludable: verduras, frutas, grasas saludables... Quédate con estos alimentos: ostras, huevos, carne de res, ajo y brócoli. Son los que se referencian como "promotores" de la producción de testosterona.

Saca fuerzas para ir al gimnasio. El sacrificio se recompensará con mejor salud y una mejora física innegable al endurecer y reducir, un atractivo que seguro se multiplica por la consecuente mejora de la autoestima.

Ejercicios de alta intensidad y entrenamiento de fuerza

El ejercicio de alta intensidad aumenta los niveles de testosterona y la prevención de su deterioro. Hay diferentes fórmulas que te pueden ayudar a elevar esta hormona.

El zinc, un buen aliado

El zinc es importante para la producción de testosterona. Las carnes y pescados son alimentos ricos en él. También se encuentra en la leche cruda, el queso crudo, frijoles y yogur o kéfir hecho con leche cruda.

Reduce el estrés

Cuando un hombre sufre o está estresado, su cuerpo libera altos niveles de la hormona de cortisol, un elemento que bloquea los efectos de la testosterona.

Inteligencia emocional, meditación, yoga, saber reírse de sí mismo, dormir y descansar bien, una visualización positiva de su vida... son algunas de las técnicas para mejorarlo.

Dormir es clave

Dormir bien es tan importante para su salud como la dieta y el ejercicio. También puede tener efectos importantes en tus niveles de testosterona.

La cantidad ideal de sueño varía de persona a persona, pero un estudio descubrió que dormir solo 5 horas por noche estaba relacionado con una reducción del 15% en los niveles de testosterona.

Un estudio a largo plazo observó que los que dormían solo cuatro horas por noche tenían bordeaban los límites de niveles óptimos de testosterona.

Un estudio calculó que, por cada hora adicional de sueño, los niveles de testosterona aumentan en un promedio de 15%. Aunque a algunas personas les parece que les va bien con menos horas de sueño, las investigaciones sugieren que dormir de 7 a 10 horas por noche es lo mejor para su salud a largo plazo y su testosterona

POTENCIADORES DE TESTOSTERONA NATURAL

Sólo unos pocos potenciadores naturales de testosterona están respaldados por estudios científicos.

La hierba con el mayor respaldo en investigación se llama ashwagandha.

Un estudio probó los efectos de esta hierba en hombres infértiles y encontró un incremento del 17% en los niveles de testosterona y un aumento del 167% en el número de espermatozoides.

En hombres saludables, la ashwagandha aumentó los niveles en un 15%. Otro estudio descubrió que redujo el cortisol en alrededor del 25%, lo que también puede ayudar a la testosterona.

El extracto de jengibre también puede aumentar tus niveles. Es una hierba deliciosa que también proporciona otros beneficios para la salud.

Control de Emociones

Algunos psicólogos creen que tenemos el control total sobre nuestras emociones y otros creen que no existe ninguna posibilidad de controlarlas. Sin embargo, hay investigaciones que concluyen que la forma en que interpretas tus emociones puede cambiar la forma como las vives.

La forma en que reacciones frente una emoción en concreto condicionará cómo actúa sobre ti.

- El orador que sufre frente la idea de hablar en público lo hace porque interpreta sus nervios como algo negativo, como una señal que le está enviado su cuerpo para que salga corriendo de allí.

- Por otro lado, alguien que interprete esos mismos nervios como excitación y ganas de hacerlo bien probablemente tenga más éxito en su conferencia.

La moraleja es que tu cuerpo te proporciona la energía para hacer algo, pero cómo usar esa energía lo decides tú. Hay gente que paga dinero y hace horas de cola para subirse a una montaña rusa, mientras que otros no se subirían ni en sueños. Ambos sienten los mismos nervios, pero los interpretan de forma diferente: diversión frente terror.

No puedes evitar sentir emociones. Las emociones están ahí porque tienen una función evolutiva, un sentido biológico de supervivencia.

Si nuestros antepasados no hubieran sentido miedo delante de una manada de tigres, probablemente el ser humano no hubiera llegado hasta hoy en día.

La amígdala es la parte de tu cerebro encargada de disparar las emociones, como si fuera una respuesta automática en forma de agresión o huida frente una amenaza. Por eso es tan difícil controlar mediante la fuerza de voluntad el origen de tus emociones: significaría anular esta respuesta para la que estás programado genéticamente.

Este tipo de respuesta emocional es, por lo tanto, necesaria. Sin embargo, en algunas personas no está correctamente regulada y puede ocurrir que:

Se dispare en situaciones donde no existe una amenaza real (provocando la ansiedad).

Sea incapaz de desactivarse con el paso del tiempo (como en la depresión). Por algún motivo, el cerebro entra en modo de supervivencia y se queda anclado ahí.

Cuando estás en fase de lucha-huida y la amígdala ha tomado el mando de tus actos, normalmente ya es demasiado tarde.

Por eso debes aprender a actuar antes. Tienes que acostumbrarte a detectar aquellas señales que te indican que vas camino de no poder dominar tus emociones.

Esta es la única forma en que serás capaz de detener el proceso (o retrasarlo) antes de que sea demasiado tarde. Una vez las emociones te dominan, eres poco más que una bestia acorralada.

LA VERDAD SOBRE LAS EMOCIONES NEGATIVAS

La teoría más reciente es que existen 4 tipos de emociones básicas que han evolucionado hacia el resto de sentimientos más complejos.

Estas emociones son enfado, miedo, alegría y tristeza.

Existen algunas situaciones a las que nunca podrás acostumbrarte. Si todo te va mal, difícilmente podrás dejar atrás la sensación de miedo o ansiedad.

Sin embargo, las emociones positivas suelen desaparecer a lo largo del tiempo.

No importa cuánto dinero te toque en la lotería o cuán enamorado estés: las emociones positivas como el placer siempre terminan disminuyendo.

De hecho, en un estudio se determinó que la emoción que dura más es la tristeza. En concreto, dura hasta 4 veces más que la alegría.

En base a este panorama parece realmente necesario poder gestionar la intensidad de tus emociones para no sufrir tanto.

A continuación, encontrarás una lista de las técnicas que no han demostrado ninguna eficacia y las que sí.

LO QUE NO FUNCIONA PARA CONTROLAR TUS EMOCIONES

Estas técnicas se han popularizado a través del boca a boca y mediante autores que no se han molestado en comprobar su base científica real.

La utilidad de cada una de ellas para gestionar tus emociones es, cuanto menos, dudosa.

1. Intentar no pensar en lo que te preocupa

    De la misma forma que intentar no pensar en un oso polar blanco provocará que termines pensando en él por un efecto rebote, en estudios como este se ha demostrado que es muy difícil apartar las emociones de nuestra cabeza.

    En el caso de las personas deprimidas, a las que constantemente les asaltan pensamientos negativos, se ha comprobado que es totalmente contraproducente intentar suprimir esas ideas porque terminan regresando con más fuerza todavía.

2. Relajarte y respirar hondo...

    Es habitual que nos recomienden relajarnos y respirar hondo cuando estamos enfadados o muy ansiosos.

Proviene de una tradición casi ancestral, como la de respirar dentro de una bolsa de plástico en un ataque de pánico.

Pero hay un inconveniente. Respirar hondo e intentar modular el diafragma no suele funcionar porque el componente fisiológico de las emociones suele ser poco importante.

Piensa en ello. En la mayoría de las ocasiones en que te has enfadado mucho, por ejemplo, estabas tranquilo antes de volverte irascible. Probablemente tenías un buen día hasta que alguien te lo ha arruinado, ¿me equivoco? Si un estado previo de relajación no ha podido evitar que te enfadaras, ¿por qué la gente cree que puede conseguirlo una vez ya estés enojado?

¿Has recomendado alguna vez a alguien que se relajara cuando estaba enfadado? Te habrás dado cuenta de que no suele funcionar demasiado bien. Es como si en lugar de escuchar a quien cree que ha sufrido una injusticia le recomendases que se callara y se tomase un tranquilizante.

Con esto no quiero decir que emplear habitualmente técnicas de relajación sea malo. De hecho meditar es bastante útil (lo verás más abajo). Pero intentar relajarse una vez te han invadido las emociones es ir a tratar el síntoma y no la causa.

3. Liberar la tensión por otras vías

Hubo un tiempo en que se pusieron de moda las actividades para liberar emociones. Talleres donde la gente se reunía para llorar o eventos donde directivos agresivos se ponían a romper platos.

Pues bien, resulta que los estudios psicológicos más recientes sugieren que este tipo de catarsis no funciona. Incluso puede ser negativa: sucumbir a la tentación de destrozarlo todo puede incrementar tu agresividad a corto plazo. Lo mismo ocurre con hacer ejercicio físico: aunque es bueno para tu corazón, no es capaz de tranquilizar tus emociones, solo las oculta por un momento.

Las emociones no están contenidas dentro de nuestro cuerpo y no necesitan salir como si fuéramos ollas a presión.

Lo que necesitan es ser comprendidas para evitar que nos hagan daño.

4. Presionarte para tener pensamientos positivos

Hay un poco de controversia respecto el efecto de los pensamientos optimistas para regular las emociones.

Si bien yo no diría que son capaces de hacerte pasar de un estado negativo a otro positivo, sí que pueden llegar a reducir la intensidad de una emoción negativa.

Las emociones se procesan casi en su totalidad a nivel inconsciente para luego pasar al terreno consciente, donde las percibes. Por este motivo, cuando eres consciente de ellas a menudo ya es demasiado tarde.

Sin embargo, buscar la parte positiva de cada situación sí que puede evitar que sigas auto-saboteándote. Si en lugar de pensar "No voy a poder con esto" empiezas a creer "Está complicado, pero lo puedo manejar" evitarás que tus emociones negativas se agraven.

LO QUE SÍ FUNCIONA PARA CONTROLAR TUS EMOCIONES

La verdadera inteligencia emocional requiere que identifiques y entiendas tus propios estados de ánimo.

Implica reconocer cuando y porqué estás enfadado, nervioso o triste, y actuar sobre las causas y no sólo los síntomas.

Sin embargo, en aquellas ocasiones en las que veas que irremediablemente te diriges hacia un estado emocional negativo, las siguientes técnicas pueden ser eficaces para detener o frenar esa reacción en cadena.

1. Intenta recordar tus virtudes y éxitos

   La reafirmación en tus virtudes y puntos fuertes es una de las mejores estrategias para gestionar tus sentimientos. Consiste en pensar en lo que te ha provocado esa emoción, pero reduciendo su significado negativo.

   Ejemplo: en lugar de enfadarte porque has llegado tarde al trabajo puedes pensar que, dado que siempre llegas a tiempo, no es tan grave.

   La gente con mayor control emocional utiliza la autoafirmación cuando la intensidad de sus emociones todavía es baja y tienen tiempo para buscar otro punto de vista de la situación.

   La próxima vez que sientas que pierdes el control sobre tus emociones, recuérdate a ti mismo aquellas cosas de las que te enorgulleces en tu vida.

2. Distrae tu atención hacia un asunto concreto

Las personas que mejor gestionan sus emociones también han aprendido a usar la distracción para bloquear sus estados emocionales antes de que sea demasiado tarde. Y parece que resulta muy eficaz cuando prevén que van a experimentar emociones intensas y no tienen suficiente tiempo para usar otras estrategias.

Como sabrás, una forma muy efectiva para calmar a un niño pequeño que no deja de llorar es desviar su atención. "¿Has visto el muñeco?" o "¿Qué tengo en la mano?" suelen disminuir su nivel de excitación si mantenemos su atención durante el tiempo suficiente.

La técnica de la distracción consiste en desvincularte de la emoción negativa centrando tu atención en pensamientos neutrales. De esta forma evitarás que la emoción coja demasiada intensidad.

Por ejemplo, si tu jefe cuestiona tu profesionalidad, en lugar de pensar que quizás termine despidiéndote podrías pensar en la celebración de cumpleaños que tienes el sábado. Es simple pero eficaz, tal y como se ha demostrado en varios estudios científicos.

Aunque a largo plazo probablemente no sea la mejor estrategia, la distracción funciona, especialmente si centras tu atención en algo concreto en lugar de dejar que tu mente vague.

3. Piensa en tu futuro más inmediato

Las emociones muy intensas pueden provocar que te olvides de que hay un futuro y que tus acciones van a tener consecuencias. Aunque en ese momento tan sólo seas capaz de vivir el presente y tu frustración, enfado o nervios te parezcan tan importantes, ¿seguirás sintiendo eso dentro de una semana?

Pensar en el futuro más inmediato es muy eficaz para mantener el autocontrol, tal y como se demostró en el experimento popularizado a través del libro Inteligencia Emocional. En él, los niños que resistieron la tentación de comer una golosina a cambio de recibir otra obtuvieron mejores resultados en los test escolares y mejores trabajos en los años venideros.

4. Medita habitualmente

La meditación ha demostrado científicamente su eficacia para prevenir los pensamientos negativos repetitivos y no sólo mientras meditas, sino también a largo plazo: es capaz de disminuir el nivel de activación de la amígdala de forma duradera. La meditación también tiene estudios en la reducción de la ansiedad. En uno de ellos, cuatro clases de meditación de 20 minutos de duración fueron suficientes para reducir la ansiedad en un 39%.

Intentar relajarte sólo cuando te asaltan las emociones no es muy eficaz. Sin embargo, meditar de forma regular y respirar correctamente sí que pueden reducir la intensidad de las emociones negativas cuando estas aparecen.

5. Date permiso para preocuparte más tarde

Antes te he explicado que intentar suprimir una emoción o pensamiento provoca que vuelva de nuevo con más fuerza. Sin embargo, ¡posponerla para más tarde puede funcionar!

En un estudio se pidió a los participantes con pensamientos ansiosos que pospusieran su preocupación durante 30 minutos.

A pesar de ser una forma alternativa de evitar pensar en algo, lo que se ha demostrado es que tras ese período de pausa las emociones regresan con una intensidad mucho menor.

Así pues, date permiso para preocuparte después de un tiempo de espera. Te preocuparás menos.

6. Piensa en lo peor que te puede pasar

    ¿Recuerdas la película Sin Perdón (Unforgiven) de Clint Eastwood? *(Sin duda una película recomendada)*

    En ella, el personaje de William Munny, pese a estar viejo y acabado, es el mejor pistolero del oeste. Y no lo es por su velocidad ni su puntería. Como él mismo dice, lo es porque cuando las balas empiezan a volar, él controla sus emociones y mantiene la calma.

Pero ¿cómo mantener la calma? Los samuráis y los estoicos se mantenían tranquilos incluso en las situaciones más dramáticas,

¿Cómo lo conseguían?

Pues pensando en la muerte. Y mucho.

No quiero que te pongas dramático ni te vuelvas un gótico, pero pensar en lo peor que te puede pasar te ayudará a relativizar tus problemas y mantener el control.

7. Tómate un respiro (y un refresco) para recuperar el autocontrol

Tu autocontrol no es infinito.

De hecho, varias investigaciones indican que conforme te expones a situaciones y emociones, se va consumiendo.

Piensa en ello como hacer un sprint. Tras la carrera estás exhausto y necesitas tiempo para poder recuperarte antes de volver a correr. De la misma manera, si logras dominar tus emociones, evita volver a exponerte de nuevo a una situación tensa o será más probable que sucumbas.

Lo más sorprendente es que se ha demostrado que mantener el control consume glucosa, como si literalmente estuvieras haciendo ejercicio.

Por lo tanto, para recuperar tu autocontrol tienes dos estrategias:

Tomar una bebida rica en azúcares (no es broma).

Usar la reafirmación positiva para poder gestionar de nuevo tus emociones.

La clave está en identificar cuándo tus niveles de autocontrol están bajos y evitar más situaciones emocionales mientas te recuperas.

8. Cuando todo falle, busca un espejo

¿Mirarse en un espejo? Sí, por muy sorprendente que parezca esta estrategia puede ser útil para aplacarte cuando estés furibundo.

Varios estudios han demostrado que cuando te ves a ti mismo reflejado eres capaz de observarte desde una perspectiva más objetiva y por lo tanto separarte durante unos instantes de tu emocionalidad.

Cuanto más consciente seas de lo que estás haciendo, más capacidad de controlar tus emociones tendrás. Y observarte en un espejo incrementará tus niveles de autoconsciencia y te ayudará a comportarte de forma más sociable.

9. Lo más importante: encuentra el motivo de tus emociones

A largo plazo la clave no está en luchar contra tus emociones, sino en reconocerlas y saber por qué te ocurren.

Por ejemplo: "Bien, no me gusta sentirme así pero ahora mismo tengo mucha envidia... (reconoces la emoción) porque a Andrés le han felicitado por su trabajo y a mí no (reconocen el por qué)."

Lo importante es ser honesto contigo mismo sobre el por qué.

No hagas como la mayoría e intentes engañarte.

A menudo nos mentimos haciéndonos creer que estamos enfadados con alguien por su comportamiento y no porque le han dado el ascenso al que aspirábamos y eso ha afectado nuestra autoestima.

Conocer la verdad real de tus sentimientos te ayudará a tratar la causa y a saber reaccionar de manera más efectiva ante futuras situaciones, a controlarte y gestionar mejor tus emociones.

TU TRIBU

Mis hermanos... imagínense que están en el fin del mundo. Su dinero no vale nada. Los policías solían trabajar por dinero, ahora trabajan para ellos mismos. Tienen armas, tienen habilidades y hacen lo que quieren. No hay nadie con quien quejarse y nadie va a venir a salvarlos.

Ahí afuera la gente pelea por comida, pelea por recursos y pelea por su vida... y acá estamos.

Quiero que echen un vistazo alrededor de su círculo de amigos. ¿A quién van a ir a buscar por ayuda si sus vidas dependieran de ello? ¿A quién van a mirar cuando la gente ahí afuera empiece a golpear las ventanas? ¿Quién quieren que pelee por ustedes? ¿A quién quieres en tu equipo? ¿Quién quieres que se aparte? ¿Quién va a cuestionar tu autoridad?

No se preocupen por pensar algo inteligente, no voy a señalar a nadie. Sólo piensen acerca de eso y sean honestos con ustedes mismos. Es relevante para el tema que tenemos entre manos.

Estoy acá para hablar del camino de un hombre y su tribu...

La masculinidad en tu tribu... cada cultura, en cada época y cada grupo de hombres, boy-scouts, pandillas carcelarias, mafias... cada grupo de hombres va a tener una idea de cómo el hombre ideal de ese grupo se tiene que comportar, es por eso que tenemos tantas ideas diferentes al respecto.

Cada grupo pide cosas diferentes a sus hombres dependiendo de sus necesidades. Si quieren saber cómo cada cultura piensa que sus hombres deben comportarse, estudien religión, filosofía, moral, ética.

Cuando tu vida depende de ello, necesitas a hombres que sean lo más fuertes que puedan. No quieres que los hombres de tu tribu sean atropellados, necesitas que sean valientes. Un hombre que corre cuando un grupo necesita que pelee pone a todas las vidas en peligro. Quieres hombres competentes que puedan hacer el trabajo. No quieres estar rodeado de tarados y torpes.

También necesitas que tus hombres se comprometan, necesitas saber que los hombres a tu lado son "nosotros" y no "ellos".

Necesitas contar con ellos en momentos de crisis. Quieres tipos que cuiden tu espalda. Hombres que no se preocupan por lo que otros piensan de ellos no son confiables.

Piensen en eso...

No te estoy diciendo que tus amigos necesitan ser todos altos y fuertes...

Lo que te estoy dando a entender es que necesitas estar rodeado de hombres comprometidos, valientes y que quieran mejorar. Si estas rodeado de hombres que solo salen de fiesta, toman sin control, no tienen hábitos saludables, se drogan, son "Simps" y viven despreocupadamente.

Sin duda, tú serás uno de ellos y copiaras su estilo de vida.

¿REALMENTE ERES EL PROMEDIO DE LAS 5 PERSONAS QUE TE RODEAN?

Jim Rohn les pega duro a todos con esta frase y nos enfoca de forma clara en el camino por ejecutar:

¡Cuida la construcción de un entorno exitoso!

Al principio, una frase como esta puede llegar a crear anticuerpos, sobre todo, si al "voltear" a ver a las personas con las cuales frecuentas más tiempo o actividades, son además aquellos a quienes estimas y no cambiarías por nada.

¿Entonces puede algo andar mal en este postulado?

Si tu entorno es positivo, amable, educado, exitoso, coherente, honesto, real y tantas otros valores o situaciones que puedes considerar como "sumas valiosas" a tu vida, es altamente probable que tú también seas una de esas personas.

Si, por el contrario, la percepción de tu "alrededor social" fue negativa, llena de conflictos, desordenada, con tendencia al riesgo, viviendo situaciones de fracaso, con complicaciones de todo tipo, quizá estés viviendo un entorno emocional con ciertos conflictos por resolver y aún si quiera, no te das cuenta que formas parte de ello.

Reflexionando sobre esta frase, tu mente puede adquirir un entendimiento claro del por qué estás atravesando las experiencias que atraviesas, inclusive cuando nada ocurre en tu vida: ¿Quizá te relacionas poco con quienes deberías estar compartiendo? Un momento de plenitud, ten por seguro que mucho tiene que ver el entorno emocional de las personas que te rodean.

Cuando te preguntas acerca de quienes están rodeándote en este momento de tu vida, antes de empezar con la lista y nombrar uno por uno a los integrantes de tu entorno, sugiero evaluar aspectos importantes sobre la consecuencia de tus elecciones, rutinas, acercamientos y resultados de la sociabilización que prácticas.

Una forma de hacerlo, es plantearse preguntas como estas:

Desde mi interior hacia el entorno en el que participo:

¿Me alejo o me acerco de los demás?

¿Valoro las opiniones de quienes quieren decirme algo concreto y positivo?

¿Voy detrás de las personas exitosas para conocer cómo lo lograron?

¿Evalúo negativamente a quienes tienen éxito económico?

¿Brindo aportes para beneficio de los demás?

¿Sólo me intereso exclusivamente en mi al punto de quedarme callado sin brindar mis experiencias o conocimientos?

Desde el entorno hacia mí:

¿Puedo calcular en qué medida las personas se acercan a mí para pedirme ayuda o para brindarme ayuda?

¿Me entero de ideas positivas todo el tiempo?

¿Me conecto con pensamientos negativos todo el tiempo?

¿Siento que evalúan injustamente mis resultados de forma constante?

¿Las personas se acercan a mi o me causa mucho trabajo desarrollar posiciones de liderazgo?

¿Cuándo trabajo en equipo las personas articulan bien conmigo?

En mi familia:

¿Soy respetado por lo que soy?

¿Soy exigido por lo que debo ser?

¿Mi familia cree en mí?

¿Brindo apoyo a mi familia de alguna forma?

¿De qué forma me apoya mi familia?

Necesitamos ser muy objetivos para identificar quién forma nuestro entorno emocional activo de mayor aporte o quien está debilitando la energía de mis emociones. Esto significa que no todos son capaces de influenciar en ti de forma tal que obtengas puntos a favor o en contra que terminen por definirte.

Es complicado evaluar qué es lo que de este entorno puede estar sumando o restando si únicamente nos centramos en las personas. Además: recuerda que tú formas parte del entorno también.

EVALUEMOS NUESTRO ENTORNO EMOCIONAL

En el contexto de tu entorno emocional vamos a preguntarnos algunas cosas interesantes sobre las 5 personas que te rodean, de modo que podamos analizar si existe algo de verdad en la propuesta.

¿Sientes agrado por quién eres hoy?

¿Te agradan las personas que te rodean en todo sentido?

¿Puedes comprometerte hasta el final con ese entorno?

¿Puedes intercambiar pasión por lo que haces con todos?

¿Sin temor a caer en omisiones o hipocresías puedes ser hablar directo?

¿Sabes todo lo que pueden dar y recibir si emprendes algo juntos?

¿Recibes, has recibido o recibirás: ¿valores, ideas, aportes mentales, fuerza de espíritu, palabras de aprecio, preguntas de preocupación, dudas relevantes, tiempo de calidad, interés por la verdad, entre otros elementos de impulso?

¿Puedes confiar en ellas?

¿Sientes que formas parte de ellos y compartes sus mismos valores?

Las preguntas que acabamos de hacernos están enfocadas en nosotros mismos y cómo vemos el mundo, ser conscientes de que nuestras percepciones crean nuestra realidad es el primer paso.

El siguiente es considerarnos como el centro del ejercicio de esa visión de vida, ya que nosotros seleccionamos de todas las ideas que llegan, las que evaluamos como "las mejores ideas para poner en práctica". En este juego de la vida, aprendemos de nosotros, de los demás y tarde o temprano tenemos que formularnos estas preguntas, para poder evaluarnos a nivel de resultados: ¿Estamos aprendiendo lo que nos está ayudando a avanzar?

La Psicología ha probado que el ser humano aprende por sociabilización, que la educación, la familia y los amigos, transfieren "modelos de pensamiento" que crean paradigmas y luego, utilizamos esos conceptos para tomar decisiones. Otra fuente de sociabilización es la "cultura" en donde nacemos. Una forma de pensar que pasa muchas veces, por encima de la objetividad, pero que te orientará hacia un resultado definido en tu vida social.

¿CÓMO TRABAJAR EN MEJORAR EL PROMEDIO DE LAS 5 PERSONAS QUE TE RODEAN?

Este es uno de los temas de mayor importancia y por eso consideramos importante añadir una serie de pautas que pueden ayudarte a crear entornos de éxito con valor de influencia positiva en tu vida.

Si bien no son determinantes y la lista no está acabada, pueden ser un excelente inicio o punto de partida:

Activa tu vida social buscando entornos dónde aportar

libremente en forma positiva: Reuniones de emprendedores, Acciones *adhonorem positivas, Ayuda social, Cursos libres para aprender nuevas competencias.

(*Ad honorem es una locución latina que se usa para caracterizar cualquier actividad que se lleva a cabo sin percibir ninguna retribución económica. Literalmente, significa 'por la honra, el prestigio o la satisfacción personal que la tarea brinda')

Invierte en tu vida como lo harías con el bien más preciado: Existen muchas actividades que no son gratuitas, pero tienen un valor muy elevado si se trata de aportar a tu desarrollo personal.

En los dos tipos de actividades anteriores, te vas a encontrar con personas interesadas en avanzar y crecer en la vida, en todas las dimensiones. Enfócate en encontrarlas.

Practica el Networking en donde te encuentres, sobre todo cuando observes una actitud positiva, diferente, especial, interesante. Formar un entorno también es un asunto de conocer personas agradables.

Cambia tus pensamientos negativos sobre la vida, por pensamientos coherentes que te permitan abrir la mente y considerar más opciones. Ser positivo es algo que además de pensarlo, se practica. Y cuando lo haces, atraes personas de la misma vibración.

ESTABLECER UNA TRIBU FUNCIONAL

Proximidad: hombres que compartan los mismos intereses y valores. Es mejor si están en una zona geográfica determinada, aunque ahora con el Internet en posible llegar a hombres de distintos países pero que comparten muchas cosas en común.

Elegir un Nosotros: esto es encontrar las razones para reunirse y por las cuales luchar. Podemos pelear por nuestras familias, comunidad, intereses, los valores, la supervivencia, la Patria, etc.

Crear Fraternidad: cuando se trabaja la confianza aparece. Y hay buenas y divertidas formas de crear esa cohesión del grupo. Ejemplos de esto son las excursiones, la práctica artes marciales, salir de caza, construir algo juntos y cooperando o planificando salidas tácticas. Para quienes han practicado artes marciales saben de la unión que se forma en el grupo, la amistad y fraternidad están siempre presente.

Las salidas tácticas incluyen salidas a sitios alejados de la ciudad, donde se organizan competencias, se pueden llevar armas de fuego para disparar y competir (o de otro tipo), se pueden plantear desafíos y aprender alguna habilidad en conjunto. Esto puede ser para muchos el rito de paso de la niñez a hombre que la sociedad actual les niega.

No necesitas un grupo formal o una carta de membresía, y no necesitas elegir un presidente. Lo que necesitas es estar cara a cara. Puedes vincularte con hombres en línea, pero solo hasta cierto punto. Las personas pueden esconderse en línea de maneras que no pueden hacerlo en persona. Los hombres son pensadores tácticos. Se protegen a sí mismos. Para conocer a un hombre, necesitas pasar tiempo con él, debes hacer cosas juntos, debes generar confianza. No esperes que un conocido casual te respalde cuando estés en problemas.

Una amistad sólida es como cualquier otra relación.

Requiere dar y recibir. Requiere algo de tiempo y algo de historia. Si conoces a algunos tipos con los que puedes conectarte y que están más o menos en la misma página filosóficamente, asegúrate de hacer tiempo para ellos.

Dedica tiempo para crear esa historia y construir esa confianza. Incluso las mujeres que son "como uno de los hombres" tendrán un efecto escalofriante en ese proceso. Los hombres no son honestos entre sí de la misma manera cuando las mujeres están presentes, y establecer confianza requiere honestidad.

Los hombres querrán tener novias, esposas y familias y otras conexiones con las mujeres en sus vidas, y eso está muy bien, pero como dije, no puedes esperar que hombres que realmente no te conocen te ayuden en tiempos difíciles. Poner en el esfuerzo. Comer y beber juntos está bien, pero tiene más sentido planificar salidas tácticamente orientadas.

Deben aprender a leerse mutuamente y trabajar juntos como grupo. Vayan al billar, al gimnasio, toma clases de artes marciales, únete a un equipo deportivo, toma un taller, aprende una habilidad útil, arregla algo, construye algo, haz algo. En tiempos difíciles, los hombres con los que haces este tipo de cosas serán los primeros hombres a los que llames. Ellos serán tu tribu. Ellos serán tu nosotros.

(Fragmento de "El Camino de los Hombres" de Jack Donovan).

Las Mujeres de la Actualidad

Muchas mujeres con toda esa ideología feminista, se están endureciendo o están perdiendo su feminidad, esto llama mucho la atención ya que normalmente el progresismo promueve la afeminación del hombre ¿Pero y qué con ellas?

Algo que es verídico es lo siguiente: Los hombres endurecidos son hombres atractivos, porque la dureza es un rasgo que tanto hombres como mujeres codician en los hombres. Casi todos respetan a un hombre endurecido incluso cuando les desagrada.

Al mismo tiempo, las mujeres endurecidas se convierten en seres absolutamente repulsivos. No inspiran deseo ni respeto, simplemente alienación. El endurecimiento conduce al cultivo de la masculinidad, pero es tóxico para la feminidad. Para la feminidad es dañina, deletérea. Las mujeres deben buscar sabiduría y respiro ante el sufrimiento, no la masculinización.

Para que las mujeres conserven su mayor activo: su feminidad, deben evitar a toda costa la masculinización. Esto es más sano y más propicio para el desarrollo de la mujer que adoptar el bullicio masculino.

A las mujeres se les enseña a depravar su feminidad en pos del poder y la aceptación social bajo el imperio del dogma feminista. Sin saberlo, no se dan cuenta de lo que renuncian al capitular ante el feminismo. En gran detrimento de la mujer, adherirse a la hoja de ruta feminista resulta en una viciación de su atractivo para el tipo de hombre que anhela

El modelo económico actual y la programación social imperante en la época empujan a las mujeres hacia la masculinidad enmarcándola como "liberación". El feminismo vende a las mujeres la mentira de que masculinizarse es volverse libre.

Convence a lo femenino a divorciarse de su naturaleza ya aspirar a ser lo que no es. Que su deseo de nutrir, apoyar y ser madre es débil. ¡Debería volverse más masculina, feroz, asertiva, conquistadora! De hecho, qué trillado banal.

Como tal, la mujer típica pretende emular las cualidades de los hombres en lugar de dominar el arte de la feminidad. En esencia, cuanto más desgastada y experimentada se vuelve una mujer, menos femenina se vuelve. Mientras que un hombre más experimentado y con cicatrices de batalla se vuelve más masculino. Esto es sintomático de dureza, porque la dureza es un procedimiento masculinizarte.

Ciertamente parece que los hombres se vuelven más masculinos con el tiempo. Antitéticamente, mujeres, menos femeninas. Por lo tanto, es lógico pensar que la dureza favorece la masculinidad y es perjudicial para la feminidad. En mi opinión, los hombres no solo prefieren a las mujeres jóvenes por sus cuerpos más núbiles, sino también por su disposición más "inocente" y tan femenina.

En conclusión, el principal propósito de la agenda progre es: Masculinizar a la mujer y afeminar al hombre lo cual producirá un efecto devastador para la sociedad.

Y no solo eso, hoy en día hay más mujeres que se andan denominando a ellas mismas "de alto valor" o MAV, un movimiento promovido por cazafortunas como Tania Lucely, alias "la gran ramera" (en alusión al personaje bíblico de Apocalipsis que es considerada la madre de las Rameras).

Estas mujeres supuestamente "de alto valor" se la pasan fantaseando con que son la última Coca Cola del desierto y que por tanto su valor es astronómicamente alto, pero nunca se ponen a pensar que el valor de algo es impuesto por el mercado y no por sus propias pretensiones.

Lo que realmente determina el valor de algo es que sea escaso y difícil de conseguir, como el oro o los diamantes, por consiguiente, una mujer de alto valor debería poseer cualidades difíciles de encontrar en estos tiempos modernos, como la virginidad, la sumisión, la feminidad, la discreción, la modestia, la lealtad, el deseo de ser madre y las habilidades domésticas/culinarias... teniendo en cuenta estas últimas habilidades "domesticas" ya que la mayoría de estas mujeres de "Alto Valor" no aportan económicamente nada en la relación y esperan recibirlo todo.

La realidad es que las mujeres modernas, en su abrumadora mayoría, no poseen prácticamente ninguna de las cualidades arriba mencionadas, pero igual se jactan de ser "de alto valor" solamente porque consumen contenido de estafadoras como Tania Lucely y piensan que al igual que ella, podrán engatusar a un beta millonario incauto a pesar de ser madres solteras, promiscuas, fiesteras, rudas, viciosas y exhibicionistas.

Mujeres... no basta con que existan para tener valor real, tienen que saber preservarlo y si no lo han hecho así, no pueden considerarse "de alto valor".

Por supuesto que un hombre de alto valor querrá una mujer de la misma calidad, pero la búsqueda se está haciendo el doble de difícil hoy en día por la gran cantidad de imitaciones baratas que existen en el mercado. Afortunadamente, es fácil distinguir esas copias piratas por las banderas rojas que son evidentes en ellas.

Mientras que la mujer moderna es cada vez más exigente, aunque no pueda ofrecer nada que realmente aporte algo de valor a la vida de un hombre: ya no es femenina, ya no es virgen, ya no cocina, ya no atiende el hogar, ya no quiere tener hijos (y hasta prefiere matarlos en su vientre) y ya no quiere someterse al liderazgo masculino.

Este fenómeno es conocido como la "FEMINFLACIÓN" y viene destruyendo desde hace décadas la buena voluntad de los hombres para ser proveedores y protectores. El mercado sexual está completamente desregulado y está llevando a la población global a un colapso social sin precedentes.

MGTOW

¿Qué pasaría en un mundo sin mujeres? Aunque para muchas personas esta idea sería un caos, hay una parte de la población compuesta por hombres que han decidido hacerla realidad: los MGTOW.

Men going their own way (hombres que siguen su propio camino) consiste en un grupo, formado casi exclusivamente por hombres, que defiende como principio evitar cualquier relación afectiva con las mujeres, ya que bajo su punto de vista son abusivas y basadas en el interés.

Dentro de su página web oficial explican cómo se han desarrollado sus fundamentos, cuál es su historia e incluso un glosario de las distintas palabras que se utilizan a menudo dentro del ámbito de la dinámica social.

Resumiendo, su modo de verlo, "el feminismo ha convertido a la mujer en una víctima" y el hombre siempre es el culpable, pero nadie se preocupa por ellos. Por lo que "viven un infierno" lleno de presiones y responsabilidades sin ganar nada a cambio. Para entender esta tendencia hay que empezar por un paso fundamental para ellos: tomar la pastilla roja (RedPill).

Una referencia a la película Matrix, donde esa pastilla te permitía ser consciente de la realidad ficticia que te rodea. Una vez que abran los ojos con respecto a esta sociedad contra los hombres, hay cuatro niveles diferentes: rechazar las relaciones a largo plazo, lo mismo con las relaciones a corto plazo, desconexión económica (reducir los impuestos para evitar el apoyo de otros grupos) o el rechazo social.

Asimismo, se refugian en la manosfera (hombresfera), un espacio para aislarse de mantras como las relaciones románticas, el matrimonio o la vida en pareja. Sin embargo, hay participantes que no renuncian al sexo ocasional o pagando. A pesar de parecer un completo desconocido, el grupo cada vez tiene más seguidores.

Según The Guardian, tiene casi 33.000 miembros en su web con más de 50.000 temas de conversaciones y más de 790.000 respuestas. Algunos usuarios que pertenecen a este grupo han declarado cosas como:

"Eviten tener una pareja. Las relaciones entre hombres y mujeres han evolucionado a una situación de guerra. ¿Por qué fraternizarías con el enemigo?".

Otros ejemplos serían:

"Las mujeres son parásitos en el sentido de que te chupan la vida y no te devuelven nada" o "Vivir con una mujer es una locura, pero el matrimonio es suicida".

No tengo nada que alabar a los que admiten esa postura en su vida, pero tampoco tengo nada de criticar, a las finales están siguiendo su propio camino, y como entendedores de ese concepto, deben comprender que los que no quieran adherirse a su filosofía, también están siguiendo su propio camino, verás no todas las opiniones son iguales, algunas están más cerca de la verdad que otras, algunas están mejor pensadas y mejor articuladas que otras, pero las opiniones no son más que opiniones.

Este libro es una recopilación de opiniones. Una vez me preguntaron "¿cómo puedo estar tan seguro de lo que digo cuando no todo lo que digo puede ser un hecho?". Este libro es la suma de mis opiniones; algunas respaldadas con investigaciones como pudieron leer, estoy seguro de lo que digo, porque no encuentro una alternativa superior, acepto que mis conclusiones no son la verdad perfecta en la medida en que son interpretaciones superiores, aunque defectuosas.

Es tu deber para contigo mismo adoptar opiniones que

creas y descubras que te beneficiarán, mientras discrepas respetuosamente con aquellas que no son de ayuda y descartas por completo aquellas que te obstaculizarían (Aunque existen aquellos que su limitada mente no les permite más que rezongar injurias).

LA SOLEDAD Y LA SOLTERÍA

Con lo anterior mencionado, muchos hombres optan por estar solteros y muchos otros tienen ese dilema... No saben si quieren disfrutar de la soltería, o elegir formar una familia, esa es la cuestión.

Y, por supuesto, este es un problema exclusivo del hombre, particularmente de aquellos conscientes y críticos del paradigma que ocupamos, porque no es una consideración que incluso cruce el umbral de la conciencia en el drone arquetípico.

Y, sin embargo, a diferencia del hombre que no conoce dilemas, que ociosamente pilota automáticamente su camino hacia un matrimonio anodino de cinco a quince años que produce uno o dos hijos, el hombre más ilustrado se encuentra en la posición fundamental pero privilegiada de tomar una decisión informada sobre su futuro.

Tal hombre es libre de dirigir su destino sin las demandas del adoctrinamiento religioso o las mujeres egoístas. Después de todo, ¿debe tomar una de las decisiones más importantes de la vida de un hombre alguien que no sea él mismo? ¿Un hombre presionado y engatusado para formar una familia lo hace en sus propios términos o en los términos de aquellos que tienen un plan para él?

Tanto con la razón de la mente como con el corazón del alma, el hombre libre de hechizos y engaños puede ejercer su soberanía mental al sopesar los riesgos y las recompensas de las opciones de estilo de vida disponibles para él, ya sea la vida de un padre o la vida de un soltero. Un hombre orgulloso, libre de pensamiento y que se respete a sí mismo no debería ser intimidado para casarse, por su religión, su familia, ni por la mujer que maniobra para conseguir un anillo en su dedo.

Un hombre debe tomar esta decisión libre de dispositivos externos y con total claridad mental, ya que un hombre debe establecer una relación seria en la forma en que buscaría mantenerla. Por lo tanto, es lógico que, si un hombre es engatusado o engañado para casarse y tener hijos, aunque inicialmente puede llenar a la mujer disimulada con nada más que regocijo estrogénico y júbilo maternal, estos cimientos sombríos no presagian nada bueno para la longevidad de su relación.

Un hombre fuerte no responde a la vergüenza, la reconoce por la transgresión manipuladora que es, la descarta como una locura y continúa forjando su camino sin las mecanizaciones de tal duplicidad.

El hombre libre se pregunta qué elección de estilo de vida sería mejor para él y, sin importar la que elija debe asumir las consecuencias de su decisión.

Y es que, para unos, la soledad se asocia con sentimientos de aislamiento, aburrimiento, tristeza, desilusión, dolor... Para otros, en cambio, la soledad se relaciona con tranquilidad, conexión con el entorno o con uno mismo, reflexión... Del mismo modo que el mismo alimento entusiasma a unos y desagrada a otros, la soledad también puede generar emociones muy distintas, que dependerán de la historia de aprendizaje vital que tengamos cada uno de nosotros. Historia que vamos cambiando y ampliando con cada paso que damos.

El ser humano es un ser eminentemente social. Necesitamos la cooperación con otras personas para sobrevivir, desarrollarnos, aprender, entretenernos, etc. y esto es especialmente cierto en una sociedad tan interconectada como la nuestra. Por ello, aprender a desarrollar y mantener relaciones con otras personas y disfrutar de ellas resulta esencial.

Pero un hombre debe aprender a estar en soledad, debe comprender que una relación con una mujer no es una necesidad, simplemente es una opción en tu vida... ya que si no aprendes a estar solo te puede traer consecuencias.

Muchos hombres sobrecargan su agenda de planes de todo tipo (o se quedan hasta tarde en la oficina) con el fin de pasar el menor tiempo posible en su casa solos, ya sea al volver del trabajo o durante el fin de semana. Este tipo de comportamientos, pese a que suele recibir bastante aprobación social, a la larga pueden acabar pasando factura, ya que acaban agotados o estresados, hacen planes que no les gustan, gastan más dinero del que pueden permitirse, no dedican tiempo a otras cosas que tienen que hacer (p. ej., estudiar en casa), etc.

Depender de los demás: Si buscas estar con otras personas a toda costa, es más probable que estés dispuesto a aceptar planes que no te gusten. Tendrás menos control para decidir cuándo un plan no te interesa o incluso para negociar con los demás y proponer actividades que a ti te apetecen o te hacen ilusión, ya que los demás probablemente sí se sentirán cómodos diciendo que no a aquello que no les compensa.

Implicarte en relaciones poco saludables: Si tu prioridad es evitar la soledad, lo más probable es que prefieras cualquier compañía a ninguna. Esto te hace vulnerable a iniciar relaciones de amistad o de pareja con mujeres que no te traten bien o que te hacen sufrir, ya que pensarás que la alternativa (estar solo) es mucho peor. O simplemente mantendrás relaciones con otras mujeres incluso una vez pasada su "fecha de caducidad", es decir, pese a que ya no quieran lo mismo o su relación se haya deteriorado. Mantener o alargar relaciones poco saludables puede perjudicar tu autoestima e incluso llevarte a tomar peores decisiones vitales.

Recuerda que en muchas situaciones el hombre está solo, jamás tendrá ayuda sólo la suya propia, todos le dan la espalda a sus problemas, pero se regocijan con sus soluciones, pareciera que no valen nada, pero sólo es la falsa ilusión de una sociedad que le fascina el hedor de la injusticia, oh hombres a ustedes me dirijo, a ustedes motor de la civilización, a ustedes que lloran en silencio, y dan lo mejor de sí a pesar de las burlas, críticas y la maldita indiferencia, a ustedes para que se sacudan el polvo y retomen el camino que alguna vez perdieron, les animo a seguir perseverando en esta guerra llamada vida, a pesar que no tenemos el placer de conocernos personalmente, pero compartimos el mismo espíritu valiente, aunque a veces nos acojonemos del miedo, pero siempre damos batalla, porque no importa cuán grande sea la lucha, "hombre" siempre será sinónimo de fuerza, coraje, perseverancia, valentía, audacia y honor, así que sigan este viaje con sólidas pisadas hasta que un día tengan que apagarse y una estrella del alba deje de brillar.

Aprende a estar solo, aprende a disfrutar de la soledad, conócete a fondo y mejórate en todos los aspectos.

Una vez hayas hecho esto puedes decidir si quieres una relación con una mujer que valga la pena y que tengan la misma mentalidad.

Espera... ¿hay mujeres que valen la pena? Claro que hay mujeres que valen la pena, esto libro no está enfocado a odiar a las mujeres, más bien a evitar a las mujeres que no valen la pena.

Pero, antes de hablar de las mujeres que valen la pena, hablaremos sobre las mujeres que no valen la pena y como identificarlas.

MANIPULACIÓN FEMENINA

Astucia y Manipulación femenina. La astucia y manipulación femenina, ha evolucionado a lo largo del tiempo como un "arma", al no ser capaces de defenderse a sí mismas a través de la fuerza física, esto según argumentó Schopenhauer.

La astucia femenina también puede considerarse como un neoteneo. Los niños también suelen ser menos responsables de sus propias acciones, por lo que es más probable que se salgan con la suya con mentiras, reafirmando su solipsismo. Pero, por el contrario, la neotenia puede considerarse un rasgo astuto, ya que garantiza la obtención de recursos sin hacer nada. Las mujeres también tuvieron un mayor éxito reproductivo a lo largo de la historia humana, por lo que es más probable que se reprodujeran sin importar cuán mal se comportaran y se beneficiaron de denigrar la reputación de otras mujeres como una forma de competencia intrasexual femenina.

Los hombres, por otro lado, pueden haber sido más seleccionados para la cooperación, habiendo sido más responsables de la extracción de recursos y beneficiándose mutuamente de otros hombres que forman coaliciones efectivas. Sin más dilación te dejo ejemplos de manipulación o astucia femenina.

1. Hacer pucheros y llorar: Las mujeres lloran en promedio cuatro veces más que los hombres y con más intensidad, además la mayoría de mujeres usan el llanto con más frecuencia como un medio para manipular a su pareja para que haga algo por ellas, aunque sin tener en cuenta el efecto de que las mujeres son "maravillosas", es decir, tal comportamiento puede pasar desapercibido, ya que las personas pueden no asociar a las mujeres con un comportamiento malo/disimulado. En retrospectiva, el tema de las mujeres que fingen lágrimas ha sido señalado a lo largo de la historia humana, por ejemplo, por eruditos griegos y romanos.

2. Violencia de pareja íntima: parece que cuando las mujeres no obtienen lo que quieren, pueden incluso volverse violentas, lo que puede explicar por qué inician la violencia de pareja íntima en realidad con más

frecuencia que los hombres.

3. Cleptomanía: El impulso patológico de robar (cleptomanía) es dos veces más común entre las mujeres que entre los hombres, y eso ni siquiera tiene en cuenta que las mujeres en general están sujetas a estándares más bajos, se les perdona más fácilmente y se les exige menos a menudo que extraigan/ reunir los recursos por sí mismos.

4. Trastorno histriónico de la personalidad: el trastorno histriónico de la personalidad es aproximadamente 8 veces más común en las mujeres. Histriónico significa "excesivamente teatral o dramático en carácter o estilo", lo que apunta a un modo de comunicación emocionalmente cargado, irracional y manipulador. Un trastorno similar es el trastorno límite de la personalidad, que también se observa con más frecuencia en las mujeres. En relación con esto, los trastornos del estado de ánimo y de ansiedad son 2 o 3 veces más comunes en las mujeres, y las mujeres son mucho más propensas que los hombres a ser víctimas de la histeria colectiva, que también pueden ser adaptaciones neotenicas para parecer necesitadas ante los hombres.

5. Comida: Muchas de ellas sólo aceptan citas para obtener comida gratis, entre otros recursos.

6. Maquillaje: Otro de los medios de manipulación que utilizan las mujeres es realzar estéticamente su apariencia facial y neotenia utilizando pintura para ocultar su verdadera genética.

RED FLAGS EN MUJERES

•Que sea feminista radical.
•Que tenga tatuajes, use gargantillas o tenga perforaciones en el cuerpo.
•Que no respete a sus padres.
•Que sea fiestera.
•Que no soporte a ninguno de tus amigos.
•No se disculpa por su mal comportamiento y trata de inculparte.
•Que use el llanto o sexo como medio de manipulación.
•Que siempre te trate de poner en un aprieto electivo tal como: "Yo o tus amigos, o yo o tu carrera".
•Trata a los demás como una mierda, especialmente a aquellos como en un rol de "servidor" como mesero, barista o empleado de banco, etc.
•Es violenta.
•Que mantenga cualquier tipo de relación con sus ex.
•Tiene síndrome de princesa, reina.
•Es madre soltera, en especial si los hijos son de diferentes padres.
•Que tenga fotos semidesnuda en sus redes sociales u otros medios.
•Es celosa en extremo.
•Es reina del drama.
•Que tenga adicciones.
•Que no le guste trabajar.
•Que no tenga decencia al vestirse.
•Le guste despilfarrar el dinero.
•Ha tenido múltiples parejas.

¿Cuáles más agregarías tú?

Nota: Las banderas rojas (o redflags) se tratan de mensajes que indican peligro, algo dañino, tóxico o que debes ponerle mucha atención, ya sea que se trate de relaciones de amistad, amorosas o laborales.

MUJERES FIESTERAS

¿Qué opinas de la expresión "Mujer fiestera no sirve como novia"?

En primera instancia eso es una red flag si es fiestera no sirve como novia, y unos pueden estar de acuerdo y otros no, la mayoría de mujeres de este tipo suelen confundir libertad con libertinaje, nadie critica el hecho que puedan divertirse con sus amigas, el problema radica cuando abusan constantemente eso como un medio de validación, hoy en día el "empoderamiento femenino" les dicta en su mente que deben hacer todo esto tipo de cosas para sentirse plenamente libres, les induce al sexo descontrolado sin tomar en cuenta por sus acciones y finalmente terminar culpando a un patriarcado opresor que sólo vive en sus cabecitas.

Muchas de estas mujeres fiesteras han pasado de polla en polla y como si fuera poco exigen un hombre proveedor que respete ese estilo de vida que tiene y si no lo hace es un machista, lo cierto es que ellas no están en posición de exigir algo cuando ni siquiera pueden ofrecer algo o nada, estas mujeres impulsivas y sin control y muchas veces con ETS son siempre un problema y aunque para algunas personas les resulte hiriente pero ese tipo de mujeres no valen la pena.

No faltará alguien que objete, para ejemplificar esto pongamos la siguiente situación: "Ben conoce a Lucy y se hacen novios, ella es fiestera, pero le va bien en la universidad sus notas son buenas; por lo que no descuida sus deberes, entonces Ben supone que es una chica que sabe mantener las cosas equilibradas, así que Ben no siente preocupación alguna por Lucy, lo cierto es que Lucy le ha montado los cuernos innumerables veces a

Ben, en las fiestas follaba con tipos en el baño y Ben en casa idealizando a su gran amor (Patético verdad), que aprendo de esto, que una mujer puede ser equilibrada en sus deberes o acciones que le beneficien a ELLA, pero así mismo no tener control sobre sus impulsos extravagantes, el error de Ben consiste en creer que porque ella es responsable es una cosa lo será en la otra, así Ben ignora la otra cara de la moneda, vemos que Lucy tiene un "equilibrio" en sus cosas porque le benefician a Ella, pues no le importa BEN.

Por otra parte algunos dirán he conocido mujeres de su casa que son tremendas lo sé y es verdad, pero las mujeres fiesteras tienen más probabilidades de volverse promiscuas, pues el entorno lo es todo y la influencia poderosa de sus amigas, si una de ellas es promiscua eso bastará para que contamine la conducta de la susodicha, lo cierto es que como hombre debes ser riguroso al evaluar tus relaciones con mujeres, si es que deseas tenerlas, empezar a ser selectivo, observador y no contentarte con una cara bonita o un par de tetas, dejar de entusiasmarte y no dejarte dominar por el cabezón de abajo. Y desde una vez como consejo final desecha cualquier relación con mujeres así.

Lo tomas o lo dejas.

Y es que muchas mujeres de este tipo aun estando en una relación, buscan constantemente la atención de otros hombres. Por ejemplo, hay una frase que emplean muchas mujeres, esta es: "aun teniendo novio, me gusta gustarle a los demás".

Las mujeres por naturaleza son devoradoras de atención, aunque algunas más que otras, este tipo de conducta es una red flag importante, porque significa que necesita de mucha validación masculina para sentirse plena, pues para ella el hombre con el que está no logra llenarla, y esto es un problema porque demuestra su baja autoestima e indisciplina producto de la ausencia de su padre y si tuvo uno, este no fue lo suficientemente estricto con ella, pues dejó que se pervirtiera.

Ahora ya entiendes cuando muchos dicen terminé con mi novia, pero a los dos días ella ya anda con otro, esto es porque ella ya tenía lo que se suele conocer como "hombres de respaldo", que desesperados esperaban una oportunidad, a diferencia de los hombres donde el proceso es un poco más largo.

En el sentido de este tema hace un par de semanas, un miembro de la comunidad me hace la consulta que su actual novia le gusta subir fotos semidesnuda en redes sociales y ese tipo de cosas, y como era de esperarse los comentarios de muchos hombres urgidos, lo peor de todo es que ella les contesta con emoticones, con todo esto le aconsejé al muchacho que hable con ella y le deje las cosas claras, que le exprese no le gusta que esté mostrando su cuerpo en redes sociales, pues lo único que hace es venderse al mejor postor, y que no sea tan ingenua de tragarse la versión moderna de empoderamiento femenino de "Publico esas fotos porque quiero, porque me gustan, no para gustarle a otros", eso es una descarada mentira, si ella acepta la petición tuya es porque te respeta y te quiere lo suficiente como para saber que lo que está haciendo no te agrada, pero si ignora o se molesta ante esa solicitud, créeme que no le va a importar romper contigo porque "ya tiene a su hombre de respaldo".

Que creen a los 4 días me vuelve a contactar este mismo chico y me dice que ella le había terminado alegando que no puede estar con alguien tóxico e inseguro, típico discurso infantil, y lo decepcionante pero no inesperado es que, a los días, ya andaba con otro tipo.

Pero lo fructífero de esa situación es que este muchacho aprendió a identificar esta red flag y se lo tomó bien, aparte de ya no gastar dinero en caprichos insustanciales de ella, ahora está más enfocado en él. Así que mis hermanos, si su novia sube las típicas "puti fotos" créanme que sirve para ir seleccionando a su hombre de respaldo, pues una mujer decente no acude a ese tipo de cosas, cuando tiene autoestima sana, tiene buena relación con su padre, y sobre todo te respeta.

MADRES SOLTERAS

Miembro de la comunidad: "Tuve una enamorada durante casi 8 meses, ella era madre soltera, y la mayoría de veces que peleábamos era por qué se ofendida por algo, una vez peleamos porque le hice solo la consulta acerca de que le parecía si dividíamos los gastos (todo a manera de consulta y por WhastApp) sin reparo me dijo que era un patán, un tacaño y para tal caso mejor seamos amigos (dejo en claro que siempre pago yo hasta ahora lo último solo lo hice para saber que pensaba).

Y ahora hace una semana fuimos a almorzar y en modo de broma ella dice: Ahí viene mi plato y yo respondo a manera de broma: No, porque yo te estoy invitando, luego de eso me dijo patán y otras cosas más incluso termino la relación.

En otra ocasión fuimos a comprar unas pastillas para un resfrío que tenía su hijo, me pidió dinero ya que ella no tenía efectivo, le di 5 veces más de la cantidad que me pidió y con eso era más que suficiente para comprar la mejor marca de medicamento, ahí mismo me dijo no le alcanzaba, pidió mi tarjeta y pues se la di. Luego de ello encontró una tienda donde pagar con efectivo, y ella termino pagando.

Sin embargó después de eso me saco en cara que no le quise ayudar, (ella al final no compro nada para el resfriado sino unas pastillas que su hija toma de por vida) cuesta alrededor de 20 dólares el punto es que no sé si fue un tema de comunicación o que solo quería probarme. Yo tengo 25 años y ella 29".

ANÁLISIS DE LA SITUACIÓN: No sólo estás premiando a un irresponsable sino también a una mujer que no supo elegir a su pareja, pero no la culpo su naturaleza hibristofílica les hace esa mala jugada.

En tu caso dices "que peleaban porque siempre se ofendía por algo" ya puedo detectar esa bandera roja "reina del drama", a su vez ella detesta las relaciones 50/50 aparte de que no está en el derecho de exigirte nada ella, pero aun así lo hace ya no eres dominante para ella y aún no la has puesto en su sitio, aparte de insultarte y tratar de hacerte sentir culpable por tus actitudes.

Además te está usando sólo para sacarte dinero, pues no le importas tú, es egoísta, y una mujer que te va a mermar la vida, lo más sorprendente es que tú tienes 25 y ella 29, quiero que entiendas algo ella está buscando un proveedor porque ya su valor en el mercado sexual está menguando pues el muro femenino es implacable e inevitable, por otra parte tú eres un hombre joven aún estás en etapa de crecimiento, ella lo sabe y por eso a pesar de que te trata mal no quiere desligarse de ti, hasta que encuentre un mejor proveedor y cuando lo haga te culpará porque no supiste llenar sus expectativas, menuda estupidez, crece, desarróllate más y si aún no cortas esa relación hazlo ya, no sólo tendrás paz, sino que además estarás enfocado en ti te desarrollarás mental y económicamente, si es que te lo propones, y créeme si eres audaz en tus 30 o 35 te estarás comiendo a las de 20 y no las sobras de alguien más.

Finalmente, con respecto a lo último si fue un tema de comunicación o sólo quería probarte créeme que ya sucedieron esas cosas y porque, una porque no existe comunicación sólo están primando sus intereses, y dos ella ya te probó y no te encontró capaz de mandarla a volar por eso no te respeta.

Este consejo se lo dimos al miembro que nos compartió su experiencia y decidimos publicarlo aquí en el libro, ahora les explicaremos porque es mala idea salir con una madre soltera.

Este capítulo del libro trata de prevenir a los hombres de no cometer un error con sus vidas.

Las madres solteras son la peor opción de pareja que existe y voy a explicar el porqué.

Últimamente el número de madres solteras, en especial jóvenes, se ha incrementado, y es muy probable que te encuentres con alguna, si por la cabeza te pasa tener algo con ellas ten en cuenta ciertas cosas que muy probablemente vas a tener que soportar si no es que todas.

Uno de los más grandes problemas es el drama alrededor del papá del niño o de los niños.

Cuando el padre frecuenta y se hace responsable de sus hijos uno va a tener que soportar que alguien que tuvo algo que ver y tuvo un hijo con tu novia madre soltera hable por teléfono se mande mensajes e incluso se vean diario, la verdad es que muchas madres solteras tienen la fantasía de volver con el padre de su hijo y formar una familia con él, el problema es peor cuando fue él quien termino la relación, es un trauma difícil de superar para las mujeres, si este es el caso y el papá todavía está cerca basta con que un día al ex le entre la calentura para que termines con unos cuernos gigantes pintados o un día simplemente te diga pues lo siento voy a volver con el papá de mi hijo o hijos, sin pensar mucho en lo que sientas, Ten cuidado.

Otro problema que tendrás que afrontar es que no eres más que un invitado y casi extraño en un círculo y familia ya establecidos:

Algo de lo que tienes que estar consiente es que vas a tener que soportar ayudar y cuidar a niños que probablemente no te lo van a agradecer y a los que nunca les vas a terminar de agradar: a veces los niños son insoportables, a los niños ajenos no los podrás reprender porque en la mayoría de los casos te van a salir con el típico "tú no eres mi padre"

Y si lo haces te arriesgas a tener problemas con el verdadero padre o con la madre, como no tienen ningún verdadero vinculo contigo si los reprendes terminaras siendo para ellos el padrastro malo, jamás te preferirán a ti sobre su verdadero padre.

Siempre serás el segundo. Para una madre sus hijos siempre serán su prioridad, cuando una madre soltera decide salir con alguien es porque piensa que también es bueno para sus hijos, o en otro caso está desesperada por casarse y...

¿Qué es lo que busca en un hombre este tipo de mujeres? Lo contrario que buscaría una mujer soltera y sin hijos, no va a buscar al macho alfa, va a buscar a un macho beta lo suficientemente desesperado e incapaz de conseguir mujeres sin hijos pero con suficiente dinero para que la ayude a ella y a sus hijos, la mayoría de las madres solteras tienen la mentalidad de usar a los hombres, recuerda que una vez estuvieron en una relación que pensaron que iba a durar para siempre y terminó, rara vez superan eso y siempre les queda algo de resentimiento, si una madre soltera se fija en ti es porque probablemente estés dando la imagen de que no puedes conseguir mujeres jóvenes y sin hijos.

¿Estás dispuesto a ser visto como última opción?

Cuidaras a la descendencia de otras personas cuando tu podrías cuidar la tuya. Muchas madres solteras ya no tienen intención de tener más hijos o incluso están operadas, eso podría evitar que tu tuvieras tus propios hijos , incluso si no es el caso y tuvieras un hijo con ella vas a terminar cuidando también y manteniendo a los niños de una mujer que no supo hacer buenas elecciones de pareja que se embarazo en la mayoría de los casos muy joven y de un idiota igual o peor que ella sin pensar en las consecuencias, en pocas palabras vas a estar cuidando los hijos de dos idiotas y muy probablemente esos niños aprendan las actitudes de sus padres biológicos.

El dinero. La mayoría de las madres solteras no tienen suficiente dinero, el papá del niño obviamente quiere seguir su vida conocer otras mujeres así que solo le da lo necesario o lo que está obligado, si tu sales y formalizas con una madre soltera poco a poco estará sacando dinero de tu cartera hasta que prácticamente se evapore en cuestiones de la casa donde vive ella y sus hijos y no puedes protestar porque te van a salir con el típico TU ASI ME ACEPTASTE SOMOS PAREJA Y ME TIENES QUE AYUDAR, nada te garantiza que la relación durara para siempre, y estarás construyendo un nido donde no van a crecer tus hijos sino los de otro.

La necesidad de las madres solteras de formar un hogar y casarse al precio que sea. La mayoría de estas mujeres ya se les olvidó lo que es el verdadero amor de pareja y solo buscan alguien con quien comprometerse y de quien engancharse, muchas de ellas solo buscan salir de la situación de estar solas y mostrarle a la sociedad que alguien está con ellas aun a pesar de ya tener hijos y que su relación pasada no funcionó, con el pretexto de que ellas ya tienen una familia no pararan de presionarte para que formalices la relación incluso para que te comprometas eso es lo que realmente les importa, no te hagas ilusiones de que te quieren de verdad, ellas ven en ti otra cosa.

Tu reputación estará por los suelos. Mucha gente te dirá que eres un gran ser humano si aceptas una madre con sus hijos, pero la verdad es que tus padres estarán decepcionados, y tus amigos y conocidos te verán con lástima o pena ajena. ¿puedes ver a los ojos a tu padre o madre y decirle que sus nietos son adoptados?

Tú no eres su salvador. Aunque la realidad es que una madre soltera está en cierta desventaja ellas jamás aceptaran eso, para ellas si tú les gustas es por lo que son y con todo lo que tienen, aunque parezca ellas jamás consideraran que tú les estás haciendo un favor por aceptarla tal y como es, así que no esperes que te lo agradezcan, por lo consiguiente andar con una madre soltera no te libra de que te pueda llegar a ser infiel, dejarte o hacerte cualquier cosa que te pueda dañar moralmente.

No tienen los pies sobre la tierra. Si has conocido varias madres solteras te darás cuenta que la mayoría vive en situaciones un poco raras, generalmente estas mujeres no han aprendido a tomar buenas decisiones en especial en los aspectos que cambian su vida, de ser así no estarían en su actual situación, si tu creas un vínculo con una persona que no sabe decidir bien, un día una de sus malas decisiones te va a llevar entre las patas.

Si por "x" razón tienes una discusión con ella. Adivina quién o quienes se van a poner siempre de su lado y te van a guardar rencor para siempre, aunque de ella haya sido la culpa del problema, así es su hijo o hijos, esto es especialmente incomodo si ya llevas una relación formal o si peor aún ya vives con ella y sus hijos, es uno de las cosas más amargas e incomodas que puedes pasar.

Si ni siquiera cambiaron por sus hijos. Muchas madres solteras aun a pesar de tener uno o más hijos quieren seguir llevando la vida de salidas fiestas alcohol y buscando un nuevo novio en bares y antros como si nunca hubieran parido, solo ponte a pensar, si ni por sus hijos dejan de hacer estas cosas ¿Qué puedes esperar tú de ellas que eres un simple novio más?

No aprenden la lección. La mayoría de las madres solteras, están en esa situación debido a su inmadurez, al enredarse generalmente con un patán que solo las quería temporalmente por el sexo y todavía irresponsablemente se embarazan de el sin que haya habido un compromiso y a veces ni siquiera una formalización de la relación entre ellos, muchas de ellas no cambian su mentalidad después de que pasa esto e incluso vuelven a cometer los mismos errores una y otra vez.

Las peores. Hay mujeres que tienen varios hijos de varios padres y están solteras, cuando conozcas una de esas simplemente corre, corre lejos, muy lejos, solo piensa en el tipo de mentalidad que debe tener para que todas sus relaciones hayan sido un fracaso y aparte de todo la irresponsabilidad que de todas sus relaciones fallidas tuvo hijos, en este tipo de casos ellas siempre son el problema, con este tipo de mujer te aseguro que vas a pasar todo lo que te mencione antes multiplicado por 10, simplemente una mujer que no hace tonterías y tiene los pies puestos sobre la tierra jamás llegaría a esa situación, algo está realmente mal con mujeres de este tipo.

Si llegas a tener un o varios hijos con ella. ¿Vas a tratar a sus hijos igual que a los tuyos? ¿También tu familia lo hará? ¿Va a haber el mismo número de regalos atención dinero repartido entre todos?

Inconscientemente, aunque no quieras le darás más atención a tus hijos biológicos que a los adoptados y creme que, aunque tu hagas un gran esfuerzo por ser equitativo, muy probablemente tu familia no.

Solo te puedo decir que si eres un hombre soltero joven y sin hijos empezar una relación con una madre soltera puede hacer tu vida miserable.

- *Autor Fabian Monzon*

HIPERGAMIA

La hipergamia es un concepto de Red Pill y hace referencia a la estrategia reproductiva femenina. Ésta es una estrategia dual que busca la consecución de dos objetivos fundamentales:

Reproducción con la mejor opción genética posible. (Alpha Fucks)

Asegurarse la mejor provisión y asistencia posible. (Beta Bucks)

Por lo tanto, cuando usamos el término hipergamia estamos haciendo referencia justamente a esta estrategia reproductiva que acabo de describirles. Este concepto es tan importante para nosotros que, absolutamente todas las técnicas y estrategias de seducción se basan, de alguna manera, en este término. Y, además, cualquier comportamiento de una mujer tiene su origen en la optimización de la hipergamia.

Es probable que, si has leído algún libro sobre seducción te suene de algo la estrategia que acabamos de describir ya que, la mayor parte de estas obras, empiezan diciendo algo como: Las mujeres buscan en un hombre dos características fundamentales:

- Buenos Genes.
- Protección, provisión y asistencia.

Si era eso lo que te estabas preguntando, la respuesta es sí. Eso también es hipergamia.

La hipergamia no conoce nacionalidades, pues esta es igual o peor en países de primer mundo, verás cuando un hombre tiene alto estatus sea de cualquier país que sea no le importará mucho si su pareja no tiene el mismo estatus que él, pero esto casi nunca sucede con las mujeres, si ella tiene alto estatus optará por alguien igual o con mayor riqueza económica que ella.

Para ejemplificar esto tomemos un país de primer mundo, EE.UU, así pues un estudio de Lichter, Price & Swigert (2019) evaluó si las mujeres solteras actualmente enfrentan escasez demográfica de parejas matrimoniales en el mercado matrimonial de EE. UU. como una posible explicación de la disminución del matrimonio.

El estudio identifica matrimonios entre 2008 y 2017 de la Encuesta sobre la Comunidad Estadounidense. Descubrieron que las mujeres solteras prefieren parejas que tienen un ingreso promedio que es aproximadamente un 58% más alto que los hombres solteros reales disponibles. También prefieren hombres que tienen un 30 % más de probabilidades de estar empleados (90 % frente a 70 %) y un 19 % más de probabilidades de tener un título universitario (30 % frente a 25 %).

Las minorías raciales y étnicas, especialmente las mujeres negras, enfrentan las mayores carencias de este tipo, al igual que las mujeres solteras de nivel socioeconómico bajo y alto. Este estudio revela grandes déficits en la oferta de posibles cónyuges varones. Una implicación es que los solteros pueden permanecer solteros o casarse con parejas menos adecuadas.

De manera políticamente correcta, los autores culpan indirectamente a los hombres de no proporcionar suficientes parejas adecuadas y, por lo tanto, crear una escasez, pero una explicación más acertada desde mi punto de vista sería que los estándares de estas mujeres son demasiado altos y son incapaces de superar sus preferencias hipérgamas. Y si me dices: "Pero yo he visto a mujeres con hombres más pobres" o "Yo he visto mujeres con betas con poco dinero" …

¿Qué pasa ahí? Simple, eso se da regularmente por el muro femenino.

MURO FEMENINO

El muro femenino según nuestra percepción tiende a dar comienzo a los 27 años (Según la mujer específica), y esto hace referencia a cuando la apariencia física de una mujer se sumerge repentinamente y comienza a encontrar que su vida se vuelve menos placentera. porque esencialmente, su privilegio de belleza se está desvaneciendo. Los hombres ahora le prestan menos atención a dicha mujer y debido a que ella no pasó su juventud cultivando rasgos de personalidad que los hombres valoran, el activo que ha explotado durante toda su vida para salir adelante está comenzando a fallarle y puede sentir su poder y el apalancamiento social se debilita en su esfera de influencia.

A medida que su valor social cae, su miseria aumenta; por lo general, es en esta etapa cuando las mujeres entran en pánico, quieren una familia/bebé y se vuelven más abiertas de mente con respecto a aprender cosas nuevas y esencialmente intentan darle un cambio de imagen a su personalidad para asegurar un amigo; tanto porque temen la perspectiva de fracasar socialmente como reproductivamente, lo que en última instancia conduce a la soledad de la vida (Terminan con un montón de gatos como compañía).

Esta es la etapa en la que, si una mujer no puede mejorarse a sí misma, se "conformará" con un hombre, bastante miserablemente, a quien percibe como "por debajo de ella" debido a todos los chicos atractivos que tuvo en su juventud, sin embargo, debido a que su valor sexual ha disminuido con la edad, ella aún no puede obtener el mismo calibre de hombre para una aventura de una noche, y mucho menos un compromiso y, por lo tanto, "el asentamiento".

Esto es lo que en última instancia genera mucho resentimiento y amargura por parte de las mujeres y constituye una gran parte del núcleo demográfico en los elementos más radicales del movimiento feminista, culpando de su falta de atractivo social/sexual a conceptos como "el patriarcado" y " misoginia" para racionalizar su falta de atractivo biológico para el sexo opuesto y las ramificaciones sociales que se derivan de eso.

Obviamente las mujeres negarán este efecto en su vida, incluso muchas de ellas aparentarán entusiasmo al llegar a los 30, pero esto es contraproducente con la realidad.

RED PILL

El concepto de tomar "la píldora roja" se ha vuelto parte de la juerga de los grupos de activistas de derechos sobre los hombres. La analogía surge de Matrix, donde Neo tomaba una píldora roja para conocer la realidad que esconde el mundo.

Es una de las secuencias más célebres de 'Matrix', Morfeo, el personaje interpretado por Laurence Fishbourne, obligaba a Neo (Keanu Reeves) a elegir: ¿prefería la pastilla azul, que le haría vivir feliz al olvidarse de todo lo que había descubierto –básicamente, que hemos sido engañados y que somos víctimas de una conspiración que nos impide acceder a la terrible verdad–, o se decantaba por la roja, que le haría introducirse por la madriguera del conejo y descubrir lo que nos están ocultando?

"Recuerda, tan solo te estoy ofreciendo la verdad", le recordaba Morfeo mientras Neo se tomaba la cápsula roja.

Algo similar experimentan los miembros de los movimientos en favor de los derechos de los hombres, al tomar una "píldora roja" caen en cuenta de que la ley los desfavorece en muchos aspectos y que la supuesta persecución que padece la mujer, base de la ideología feminista contemporánea, no coincide con la realidad.

Hablamos de padres que han perdido custodias de sus hijos a pesar de que las madres se demuestran incapaces legal y económicamente de mantenerlos; hombres que lo perdieron todo en divorcios que favorecieron a sus esposas. Las víctimas en las tasas de suicidio, desempleo y asaltos las encabezan hombres en varios países, sin embargo, sus problemas parecieran no importar mucho a este mundo posmoderno y eso es algo que la realizadora del documental "The Red Pill" Cassie Jaye quiso explorar y entender. La directora tuvo que batallar para obtener fondos, después de todo, hablamos de un proyecto que difícilmente alguna productora políticamente correcta se atrevería a apoyar.

Cassie se identificaba como feminista, pero al terminar la filmación decidió desprenderse totalmente de dicho mote, al darse cuenta de que el feminismo realmente tiene poco o nada que ver con igualdad.

La distribución de The Red Pill ha sido un tanto errática. Grupos feministas y de izquierda han buscado censurar la cinta tratando de convencer a cines de que no la exhiban y, sin duda, las distribuidoras son reacias a mostrar algo que contradice el tren del mame feminista impulsado por figuras como Meryl Streep. Sin embargo, Cassie ha hecho lo posible para evitar que estas voces callen la suya.

The Red Pill continúa en su batalla cuesta arriba por hacerse oír y por su derecho a existir, ante acusaciones de promover "misoginia". Un documental que vale la pena ver.

Para abordar toda esta temática el documental se divide en cuatro partes:

La primera trata sobre el hombre desecho. Con ello quieren reflejar como en ciertos aspectos la vida de un hombre vale menos que la de una mujer. Ofrece una serie de datos, como que el 93% de las muertes en accidentales laborales en EEUU son de hombres, que cuatro de cada cinco suicidios son masculinos o que un 63% más de hombres fueron condenados por el mismo delito que las mujeres.

La segunda trata sobre la separación de padres e hijos por la "Justicia". Son muchos los casos en los que cuando se trata un divorcio o una separación la sentencia es favorable a la mujer por el mero hecho de serlo.

La tercera aborda el problema de la violencia de género. Se da por hecho que los hombres no sufren violencia de género y se banalizan las denuncias falsas, con especial atención al acoso laboral en EEUU.

La cuarta y última versa sobre el silencio mediático que impera en la vulneración de los derechos de los hombres, en especial por los movimientos feministas.

Para muchos hombres con todo lo que ven en la actualidad y por experiencias malas con mujeres, llegan a punto de odiarlas.

Entonces...

¿Qué hacer para tomar la píldora roja y no odiar a las mujeres por su naturaleza y no amargarte por eso, no sólo las mujeres sino la sociedad que tiende a favorecer a la mujer en todo? ¿Qué hacer para estar en paz con eso?...

Bien, en primer lugar red pill no busca que odies a las mujeres, red pill busca que conozcan la verdadera naturaleza femenina, que puedas entender las estrategias de ella en el marco relacional con el sexo opuesto, la mayoría de veces muchos tipos al iniciar en esta filosofía, sienten amargura y mucho enojo al toparse con la cruda verdad, a esta etapa se le conoce como "red pill rage" o "rabia de la píldora roja" pues desde pequeños han sido condicionados para formarse bajo un actitud débil, de pretendiente, de dependiente hacia las féminas, y al ser neófitos en esto, al toparse con la implacable verdad toda su pisque sufre una catarsis, producto de la limpieza que da inicio en su mente, y comprendo porque causa enojo, porque vivíamos cómodos creyendo esa mentira, cuando a alguien le quitas su comodidad, evidentemente no se va a sentir bien.

¿Qué hacer? Ante este escenario no tan emocionante, tienes dos opciones: O te dejas consumir por el enojo y la ira al descubrir nuevas verdades, o aprovechas ese conocimiento y lo encaminas para tu beneficio, al final de cuentas la verdad no siempre resulta agradable, pues si te dejas dominar por la ira, serás como un sabio una vez dijo:

"Aquel que odia a alguien es semejante a un hombre que se toma un vaso con veneno y espera que el efecto le haga mal a su prójimo, piensa en la filosofía de la red pill como un regalo, un regalo que no quieres aceptar, pero en fondo sabes que lo necesitas, además no muchos conocen esa verdad, viven en su mundo idealizado, pero tú que has probado la píldora estás en ventaja, ya depende de ti si la usas para progresar o para tu detrimento".

Muchos no lograron salir de esa etapa y se mudaron a la

black pill (todos en algún momento entramos allí) pero lo mejor que puedes hacer como lo dije anteriormente es tragar la red pill, adquirir la verdad y usarla a tu favor, pasarás por la black pill pero no debes quedarte allí y después mudarte a la White pill.

En resumen...

La blue pill es la mentira agradable, es el producto del condicionamiento social donde los hombres no valemos y las mujeres se enamoran del hombre que las trata como princesas.

La red pill es la cruda realidad, busca ser descriptiva, no normativa... te da la información.

La black pill es la asimilación de la red pill y se refiere a los MGTOW, hombres que piensan que relacionarse con mujeres es tan peligroso y contra producente que no vale la pena, por ende, deciden no relacionarse con ellas.

La white pill es la asimilación de la red y black pill de una forma más consiente... acepta la naturaleza y la usa en su favor de manera sabia.

Ahora para terminar el sub-tema Red pill vamos a dejarte una reflexión.

En "Matrix", Neo se distrae de su introducción al mundo de la simulación por una mujer vestida de rojo.

Queda claro que la mujer de rojo es una distracción deliberada. Neo, representa a los pensadores infantiles que están distraídos, ciegos y que aún buscan un equilibrio en un mundo que siempre atrapa la atención de las personas.

Morfeo está tratando de explicar la verdad a Neo, pero este se distrae con la mujer de vestido rojo. La mujer representa distracciones, puede aparecer en forma de televisión, alcohol, porno o cualquier otra forma de escapismo superficial que pueda impedir que las personas conecten con la verdad.

¿Lección para nosotros? No dejar que nadie te distraiga sobre tus objetivos, tus metas, tu mejora personal, tu vida, la verdad. En todo aspecto de tu vida van a ver distracciones para impedirte avanzar disfrazadas de forma atractiva, solo tú puedes tomar control de tu vida y no dejarte engañar tan fácil.

ENCONTRAR UNA MUJER QUE VALGA LA PENA

Muchos hombres preguntan ¿Cómo conseguir mujeres que valgan la pena? Y cuando hablo de que valgan la pena no me refiero a una noche se sexo (o varias) sino a una mujer con la que realmente podamos compartir cosas y porque no, armar un proyecto juntos.

Y sí, también coger mucho que es uno de los placeres de la vida.

Ya sé que escucharon la frase: "Las mujeres son unas hijas de puta".

Pero, como ya lo hemos visto eso lo dicen hombres que por desgracia han acumulado malas experiencias con las mujeres y que luego de haber sido humillados por mujeres que no valían la pena en bares y discotecas durante años se volvieron misóginos y no pueden ver otra cosa que no sean mujeres hijas de puta o histéricas.

Eso sí, siguen buscando en bares o discotecas. Nadie les explicó que la definición de locura es: "Hacer siempre lo mismo y esperar resultados distintos". Esto es lo mismo para las mujeres que dicen: "son todos iguales". Eso sí, siempre van a los mismos lugares (bares o discotecas) y casi siempre terminan con "los mismos".

En suma, en los bares tenemos hombres y mujeres profesionales de carreras asquerosamente estereotipadas (abogacía, contabilidad, administración, psicología), muy amargados o resentidos que buscan encontrar lo mismo de siempre. En el caso de las mujeres "los mismos de siempre" y en el caso de los hombres "las hijas de puta y/o histéricas". Al final, terminan encamados y su profecía se termina cumpliendo. Este triste proceso se da en casi todos los países. Igualmente, este proceso suele verse también en otros lados, pero de formas menos extremas. Recuerdo una anécdota en un antro donde una mujer le dijo a un amigo: "En un bar no se puede conocer a nadie decente"

¿Y qué haces buscando a alguien decente en un antro?

Normalmente, si se le hace esa pregunta a una mujer en uno de esos antros, la respuesta es bastante estereotipada: "vengo a divertirme con mis amigas". Si tiene menos de 23 viene a eso, pero más que nada viene a subir su baja autoestima al ver como miles de pajeros van tras de ella como perros.

Igualmente, pocas lo admiten, pero, muy en el fondo, se sienten solas y van a ver si consiguen a un hombre decente, cosa que raras veces ocurre en esos lugares. Con el tiempo llegan a los 25 hechas unas cínicas tal que ningún hombre que valga la pena se interesa por ellas. Siguen con las malas experiencias hasta que llegan a los 30 con una actitud de resentimiento importante.

No estoy diciendo que ir a los antros sea malo, es bueno divertirse, pero el error de muchas y muchos es querer encontrar una pareja estable en un lugar así... donde la mayoría de hombres y mujeres buscan divertirse... y muchos de estos viven una vida despreocupada.

"Los buenos hombres ya no existen". Bueno, si buscas en un lugar donde el 98% o 99% de los hombres son hombres sin su masculinidad forjada, sin objetivos... obviamente y lo mismo aplica para los hombres que dicen lo mismo.

Más allá de estas creencias limitantes, hay algo de verdad, y es que las personas valiosas son difíciles de encontrar. Tanta era del consumismo, programas de televisión basura, medios virtuales y redes sociales para vanagloriarse y poner fotos en pelotas creó una epidemia de idiotez, baja autoestima y miedo a la vulnerabilidad.

Hace un tiempo atrás describí un breve ejercicio para definir lo que nos gusta en una mujer, es decir hacer una descripción exacta.

Cuanto más tenemos en claro lo que queremos más fácil es encontrarlo. No obstante, ahora quiero darte un pequeño consejo que me sirvió bastante a la hora de conocer a una mujer interesante. Una "prueba" que si la pasan es un buen indicador de que vale la pena conocer a esa mujer. Puede sonar un poco generalizador, pero si sales durante un tiempo y conoces a muchas personas, a la larga empiezas a notar patrones.

Esta es la prueba que hago para descartar toda la basura que hay y tiene que ver con las redes sociales. Por si no lo notaste, las redes sociales crearon una generación de personas que se la pasan vanagloriándose de sus cuerpos y sus logros. Se vuelven adictos a los "Me gusta". Las mujeres, particularmente las más jóvenes, lo hacen exhibiendo en las redes sociales como Instagram, las fotos de sus cuerpos para compensar sus bajas autoestimas con superficiales "Me gusta" de anónimos o conocidos.

Muchos hombres las odian, pero si alguna vez las conoces verás que lo único que puedes sentir por ellas, si tienes una autoestima saludable, es lástima. Estas mujeres viven del deseo de terceros y como están muertas de miedo prefieren el contacto virtual que el real, lo que me parece patético. Mi opinión es que estas mujeres no valen la pena para una relación. Claro está que tus impulsos sexuales te pueden jugar en contra, pero eso no es malo, es natural... puedes seducirla y si los 2 están de acuerdo tener sexo de una noche (con su debida protección) ... pero nunca para una relación estable.

Uno de mis estándares con las mujeres es que sean mujeres seguras, inteligentes y de autoestimas saludables. Así como una mujer que fuma ya te da la pauta de algún problema tiene, una histérica también subcomunica que tiene problemas, por más que no sean visibles a simple vista.

La primera solución es evitar este tipo de lugares para conocer mujeres que quieras para una relación, pero si encuentras a una mujer que te gusta físicamente y quieres conocerla para ver si tienes la suerte de encontrar ese 1% que vale la pena en esos lugares, entonces aplica lo siguiente.

Yo, cada vez que hablo con una mujer en unos de estos lugares hago lo siguiente: Primero una conversación con humor y las hago reír. Luego un tiempo platicando y de reírnos, empiezo a hablar de temas serios. Empiezo a conectar hablando de cosas que a ambos nos apasionan y de temas emocionales. Si se da una buena interacción y realmente conectamos continúo y que pase lo que pase.

Si intercambian números, lo mejor es llamar y evitar los WhatsApp... o solo usar WhatsApp para quedar otro día, no para conversar.

Por supuesto, si te pide demasiado rápido tu teléfono puede que esté desesperada y que tenga una autoestima poco saludable.

Pero estos casos son fáciles de detectar: te lo piden muy rápido y no se caracterizan por ser muy atractivas. Hasta a veces son agresivas y están un poco locas. Pero sacando estos tristes casos patológicos, si al final de una reconfortante charla, ella te pide el teléfono y luego llama o manda mensaje de voz, estás ante una mujer que vale la pena y créeme cuando te digo que descartaste bastante basura.

Claro que este consejo es ideal para bares y antros. En otros lugares normales donde haya gente interesante puedes sencillamente actuar como un adulto y pedir el teléfono. Sí la chica tiene una autoestima saludable y una alta inteligencia emocional, las cosas se van a dar solas como debe ser.

Por ejemplo, los buenos lugares donde puedes encontrar mujeres que valgan la pena pueden ser:

Biblioteca
Yoga
Clases de Música
Clases de Idiomas
Museos
Convenciones
Gimnasio (No siempre)
Parque
Lugares que pidan voluntarios
Eventos de recaudación
Lejos de las grandes ciudades

Estos son mejores lugares para conocer a una mujer que valga la pena y tenga valores más desarrollados. Claro, eso no quita que puedas encontrar malas opciones en esos lugares, pero el porcentaje de encontrar a las indicadas aumenta.

LAS CUALIDADES DE UNA BUENA MUJER

Un hombre puede darse cuenta si una mujer vale la pena por las acciones que ella tiene, su forma de ser y la manera en la que ve la vida.

Aquí te compartimos algunas cualidades que debe de tener una mujer:

Atractiva físicamente

Es cierto que la belleza es algo subjetivo y cada cual tiene sus propios gustos, pero hay ciertos aspectos que, de forma general, se pueden percibir como propios de una mujer atractiva. Por ejemplo, unos rasgos faciales en armonía y bastante simétricos o una silueta corporal que se asemeje a un reloj de arena (caderas y hombros de la misma anchura y una cintura pequeña).

No nos engañemos diciendo que la apariencia no importa. De nada sirve que tenga "bonitos sentimientos" si no te gusta físicamente.

Si te gustan flacas, con grandes pechos o alta... todo eso influye, pero ten en cuenta que es lo menos importante. Si importa, pero la clave es la personalidad que ella tenga.

De nada sirve que te guste físicamente y su personalidad es de una interesada, que vive del que dirán o de una infiel.

Inteligente

La inteligencia no tiene que ver con tener o no un título académico, sino más bien con la manera de reflexionar y encarar las situaciones vitales. Las conversaciones y las propias vivencias en sí que se comparten con una mujer así, son mucho más enriquecedoras y le confieren un gran aliciente a la relación de pareja.

Cálida

Esta es una de las más valoradas entre las cualidades de una mujer que vale la pena. Y es que ser cariñosa y de maneras dulces es ese tipo de aspectos que se notan cuando aparecen en la vida de un hombre, el lado femenino de una mujer que en esta sociedad se está perdiendo, hay que valorar eso.

Proactiva

Una mujer proactiva, tiene ese tipo de energía y positivismo puestos a disposición de la relación augura la capacidad de la pareja de mantener vivo y estimulante su vínculo a lo largo del tiempo. ¿Quién no desea que le sorprendan?

Ama de corazón

Sus decisiones, incluso las cotidianas, están impregnadas de generosidad y consideración hacia su compañero y, especialmente en ciertos momentos, le hace sentirse en el mejor lugar del mundo cuando está junto a ella.

Puede sonar algo cursi, pero la realidad es que muchas mujeres actuales hacen pasar un infierno a su pareja.

Imagínate llegar a tu casa después de 8 u 12 horas de

trabajo y que tu pareja te comience a reclamar y a pelear.

Imagínate la misma situación, pero ahora tu pareja te recibe con una buena cena, te escucha y te comprende.... ¿Verdad que cambia? Ten en cuenta que debes ser condescendiente con ella y escucharla de la misma forma.

De mentalidad flexible

Tener una mentalidad flexible es fundamental, ya que la mayoría de mujeres tienen una mentalidad bloqueada. Si cometen un error es muy difícil que lo acepten, por eso si una mujer tiene una mentalidad flexible acepta que cometió errores y también acepta nuevas ideas.

Cuando estás en pareja con un proyecto de vida en común, la inmovilidad de las posturas supondría un obstáculo que a la larga terminaría rompiendo la relación.

Ser flexible es clave en una relación.

Fuerte y femenina a la vez

Por un lado, se percibe a una mujer con todos los rasgos de su femineidad que complementan los rasgos masculinos del hombre y, por otro lado, a su vez desprende una fortaleza que él percibiría como de compañera de viaje...

Tener una mujer fuerte en mente y carácter te ayudará afrontar los problemas de mejor manera.

Te recuerdo que ser fuerte en carácter no significa que grite y que le guste pelear, más bien ser fuerte en carácter significa que puede controlar sus emociones y que se da respetar con otros hombres.

Apasionada y soñadora

La sexualidad es uno de los elementos clave dentro de una relación de pareja, razón por la cual uno de los aspectos que más valora un hombre en una mujer es que ésta sea apasionada e imaginativa.

Al ser apasionada, no es tímida en el sexo. Tu vida sexual con ella no es un temeroso secreto del que se sienta incómoda al hablar. Al contrario, es adulta, sana, y ambos están dispuestos a trabajar para mantener la llama encendida.

Pero estos aspectos no son sólo para disfrutar del buen sexo en pareja, sino que también es un signo que habla de la actitud de esa mujer frente a la vida. Aquellas que viven con pasión y proyectan sueños que compartir con el hombre que las acompaña en el día a día, le confieren al hombre la misma pasión.

Claro está que el hombre debe ser apasionado con o sin la mujer, pero que tu mujer te impulse aún más, es un plus que se agradece.

Honesta

Nadie en su sano juicio desea convivir con la mentira o las verdades a medias. Por eso la honestidad suele ser una de las cualidades más valoradas.

Poder contar con la tranquilidad de una total transparencia en la relación de pareja es básico para construir una confianza sólida entre los dos. Por ello, descubrir que la mujer con quien compartes tu vida es honesta resulta otro plus.

No tiene complejo de princesa

Ella te pide que la trates con respeto, pero solo porque es una persona a la que amas, no porque sea una mujer con algún título nobiliario justo de la misma manera como tratas a tu familia y amigos. Ella sabe que no la tratarías de otra manera. Una mujer de calidad nunca estaría con un hombre que le faltara al respeto.

Sabes que ella no saldría con alguien sólo por salir

No le tiene miedo a estar soltera y es autosuficiente.

Sabes que está contigo porque realmente le gustas y piensa que juntos son un apoyo para crecer y llegar a ser grandes como pareja.

NO SEAS UN SIMP

Ahora que ya hablamos sobre las mujeres que si valen la pena te voy a contar algo que muchos hombres hacen mal al intentar algo con la mujer que les gusta.

¿Qué es un SIMP?

El término "simp" es la abreviatura de la palabra inglesa "simpleton," que significa alguien que puede ser engañado.

Generalmente, este título moderno describe a los hombres que gastan su tiempo y/o dinero tratando de obtener el amor de una mujer.

Sin embargo, varias otras interacciones pueden ganarte el

nombre de simp en el internet, tales como:

- Hacer cosas por una chica sin recibir pago
- Enviarle un mensaje cuando se tarda en responder
- Pagar por sexo

Como hombres, estamos naturalmente atraídos a mujeres atractivas físicamente, buscar intimidad, tener una familia, etc. Entonces, ingenuamente adoptamos un comportamiento de tipo bueno.

Pero la manera de los simps lleva a nunca excitar a una mujer, ser engatusado, y por último engañado. Si temes que este pueda ser tu caso, no temas. Aquí están algunas claves para dejar de ser un simp y saber cómo manejar a las mujeres como es debido.

Antes de darte las claves te voy a contar la experiencia de un miembro de la página:

"Hace años cuando era un simp, conocí a una chica que era muy amable conmigo y también cariñosa y me daba insinuaciones, yo hacía muchas cosas por ellas, pero siempre cuando intentaba avanzar me ignoraba ¿Qué sucedió allí?"

Las mujeres son conscientes de por qué los hombres hacen las cosas por ellas, se hacen las tontas, pero a nivel maquiavélico son bastante listas, tienen una inteligencia maquiavélica alta.

Se hacen las estúpidas por el bien de las apariencias para poder retorcerse y escapar de la responsabilidad manteniendo sus manos limpias mediante el empleo de una negación plausible, pero en última instancia, una mujer con muchos orbitadores beta a pesar de cualquier muestra de ignorancia bien ubicada que finge sabe muy bien qué ella está haciendo y por qué lo está haciendo, la realidad del asunto es que a ella simplemente no le importan las necesidades del hombre siempre que una o varias de sus necesidades sean satisfechas por ese hombre y mientras él "cumple su propósito en la vida de ella".

Ella está completamente feliz de seguir explotando su deseo sexual por ella sin corresponder o ceder a estas demandas, solo implicando la promesa de sexo para mantenerlo cerca en caso de que parezca que está a punto de irse y ofreciéndole sexo de deber si ella realmente valora sus contribuciones a su vida.

No te dejes engañar por ellas y aléjate de estas mujeres. Juega las cartas a tu favor.

No seas excesivamente bueno

La primera manera para dejar de ser un simp es no esforzarse demasiado con las mujeres. Puedes tratar de ser gracioso o un caballero, pero no la trates como a una princesa. Con las mujeres, funciona mejor incitarlas a que te busquen. No perseguirla y lanzarle docenas de cumplidos cada día. El secreto para despertar la atracción en una mujer es recompensarla de forma intermitente.

Por ejemplo:

- Si le dices un cumplido, actúa frío el resto de la conversación.

- Si un día le escribes primero a ella, desaparece por alrededor de una semana.

- Si hablas o tienes una cita con ella, evita cualquier tipo de interacción con ella en redes sociales por varios días.

Pero si constantemente la aprecias sin recibir halagos de vuelta, tú serás el último en su lista. Además, no sientas miedo de dejarla en visto. Tiene sus beneficios.

No digas que sí a todo lo que te dice una mujer

Debes tener tu propia opinión. Una mujer gusta de un hombre que la reta.

Típicamente, los simps creen que estar en la misma página que la chica que les gusta hará que se enamore de ellos. Sin embargo, a las mujeres les gusta seguir la iniciativa de un hombre. De la misma manera, ellas prefieren hombres ocupados y hombres que defiendan sus opiniones.

Puedes poner esto en práctica de las siguientes maneras:

- Sé el que establece la fecha de las citas, no ella

- No siempre empieces a hacerle favores inmediatamente después que te los pide. Dile que lo harás cuando termines de leer/trabajar

- No te asustes de discutir diferentes puntos de vista. A la mayoría de las mujeres les gusta pelear un poco.

No debes estar de acuerdo con una mujer en cada tema solo para querer gustarle, se fiel a tu filosofía y tus gustos.

No escondas tus intenciones

Los simps nunca consiguen novia porque actúan con sobre-amabilidad. Ellos pretenden convertirse en una especia de mejor amigo, les dicen a las chicas todo tipo de cumplidos y nunca la invitan a salir. Del mismo modo, nunca se acercan a las mujeres desde una perspectiva sexual.

No te escondas detrás de la máscara del "mejor amigo". Escala tus interacciones si eso es lo que realmente quieres. No le digas que la amas ni algo similar. Pero expresa tus intenciones claramente y corta cualquier intento de ella de colocarte en la zona de amigos.

No le escribas a las chicas 10 veces al día

Enviar múltiples mensajes de texto al día es un rasgo predominante en los simps. De nuevo, perseguir a las mujeres solo las asusta. Hacer esto es perjudicial en la búsqueda de una fémina. Le muestra que no tienes nada mejor que hacer, lo cual deberías tener.

Las mujeres hacen un esfuerzo en lucir bonitas para así encontrar a un hombre dominante y exitoso. Este tipo de hombre no tiene el tiempo de enviar 50 mensajes cada día a una chica.

Ella debería enviarte más mensajes que tú a ella. Por el contrario, ella probablemente no gusta de ti. Los hombres de valor no pierden tiempo adulando mujeres para ganar su aprobación. Si una chica no gusta de ti, no seas un simp y déjala ir.

Aprende a actuar más confiado

La baja confianza es un rasgo común en simps. Ellos podrán ser personas felices, pero en el fondo, están asustados.

Lo que sucede con esta baja confianza es que los simps rara vez le dicen algo atrevido a una chica, siempre juegan a lo seguro. Por lo tanto, todo lo que un simp hace es decirles cosas agradables a las chicas, lo cual las mujeres encuentran raro.

Sin embargo, cuando incrementas tu confianza, las chicas te encuentran más interesante. Eso es porque ya no tienes miedo de que ellas se alejen. Para dejar de ser un simp, conocer y seducir con nuevas mujeres es primordial. Debes permitir ser visto por las mujeres.

Además de seducir con mujeres, actividades como ejercitar y mejorar tu guardarropa pueden incrementar tu confianza.

Borra las canciones de amor de tu lista de reproducción

Las canciones de amor deberían ser para las mujeres solamente. Cuando un hombre escucha repetidamente a canciones románticas, esa entrada sentimental constante los convierte en simps.

Ellos empiezan a poner a las mujeres en un pedestal, perder la concentración en el trabajo, y en general se vuelven más débiles.

El momento en el que tratas a las mujeres como diosas es el momento en que te conviertes en simp.

Las canciones de amor a menudo impulsan a los hombres a pensar que tener a una mujer determina el éxito en sus vidas. Es 10 veces mejor estar soltero y tener libertad que estar en una relación, pero viviendo amargado.

Desarrolla un estilo de vida más sano y emocionante

Ser un simp también deriva de una búsqueda subconsciente de una vida emocionante. Un sentimiento como de éxito. Los simps dirigen su energía en buscar la aprobación de las mujeres. De esa manera, con optimismo, una de estas chicas se enamore de ellos.

Sin embargo, ellos logran exactamente lo opuesto. Llenar a una mujer de halagos y ser un tonto útil solo hace que las mujeres pierdan el respeto por ellos.

No puedes estar disponible siempre para una mujer. Tu tiempo es valioso, y tú debes transmitir ese mensaje a ella. Para ese propósito, invierte tu tiempo libre en actividades que desarrollen tu mente y cuerpo. Incluso si eso significa mantenerse alejado del teléfono por un par de horas.

Sal tú solo o con amigos.

Lee o escribe.

No importa si debes dejarla sola por unas horas.

Cultiva buenos hábitos.

LAS CITAS

¿Quién paga la cuenta? Este es un debate para muchos hombres y mujeres actualmente, pero esto no solo aplica para las citas para conocerse.

Si lo pensamos detenidamente, nos daremos cuenta de que casi todos los días nos vemos en este aprieto, ya sea por un café con nuestro jefe, por unas cañas con nuestros amigos o por una cena romántica. No existen reglas demasiado transparentes sobre quién debe pagar y quizás las pocas que quedaban son cada vez más difusas. No es una cuestión cultural, pues el conflicto aparece en cualquier lugar y con cualquier persona fuera de aspectos como la jerarquía, el sexo o la edad. El problema tampoco tiene que ver con nuestro bolsillo pues en muchos casos se trata de pequeñas cantidades monetarias asumibles por cualquiera.

Hay una situación muy clara en la que no puede haber dudas: si sugieres el plan y tú la estas invitando, pagas sí o sí. Ante una frase del tipo "mañana te invito a cenar", queda sobrentendido que tú eres el que paga. Es normal que al final de la reunión la otra persona se ofrezca a invitar o a dividir la cuenta, pero considera que es una actitud normal y no significa que lo tenga que hacer.

Sería muy poco cortés aceptar semejante ofrecimiento.

Si lo que quieres es sugerir que cada uno paga lo suyo, te recomendamos que utilices una fórmula del tipo: "¿salimos a tomar algo?". Queda así implícito que el desembolso debería ser "de cada uno". Ello no evita que, de nuevo, cuando se hace entrega del recibo, surja la inevitable competición por el "hoy pago yo". En esos casos, después de pasar varios minutos entre "¡no puedo permitirlo!" o "¡me ofendo si no lo aceptas!" la propuesta inicial permite que el combate abierto por soltar la pasta acabe quedando en tablas, y así todos contentos.

Reconozcamos que los tiempos han cambiado mucho y que los hombres se encuentran muy perdidos en el caso de las citas.

Tiempo atrás, dudar hubiera sido un error de dimensiones colosales, toda una ofensa para nuestra acompañante: el hombre pagaba sí o sí. Esta regla ya no se cumple. El motivo es que muchas veces ni siquiera queda claro si cuando quedamos con una mujer nos encontramos en una cita real: acordamos, por ejemplo, un encuentro con una conocida de toda la vida o con nuestra compañera de trabajo, ¿pero es un paso más para los dos o es solo otro encuentro amistoso?

Primera norma: como decíamos al inicio, si uno de los dos se ha ofrecido y el otro ha aceptado, paga el que se ha comprometido a invitar: situación resuelta.

Segunda norma: si la cita ha ido bien o ha ido regular, paga el hombre (con los matices que explicaremos más adelante). Si la cita ha ido mal, ¿por qué invitar? Como ejemplo, hablaremos del caso de Charly, un abogado cuya cita pidió lo más caro del menú.

La indignación de Charly fue mayúscula ya que su acompañante no hizo ni siquiera el gesto de sacar la cartera. Vista la situación, este se sirvió de la excusa de ir al baño para marcharse a escondidas sin pagar. El cambio de roles juega a nuestro favor en este sentido, el hombre no tiene ningún motivo para rebajarse tanto. ¿Por qué no aprovecharlo entonces? Una manera muy oportuna de solucionar el conflicto de convidar a una mujer, sobre todo si no queda claro si la cosa está cuajando, es utilizar la receta de "invito yo esta vez y si quieres la próxima lo haces tú". De esta forma no solo quedamos bien, sino que abrimos la posibilidad de que haya otro encuentro. Comprobamos así si existe 'feedback' y si efectivamente ella hace el esfuerzo de volver a quedar.

La mayoría de las mujeres no van a despreciar una invitación, pero si nuestra acompañante considera que el hecho de que un hombre pague es una actitud machista, siguiendo esta fórmula hemos conseguido establecer un acuerdo sensato. Existe, con todo, una excepción. Deja que la mujer pague solo y exclusivamente si insiste mucho (pero mucho) ya que puede tener varios motivos para ello: no quiere sentir que te debe algo o se siente culpable si un hombre paga por lo que ella ha consumido (sobre todo si la mujer ha elegido el lugar y piensa que se ha equivocado con lo que iba a costar realmente la cena).

Es fundamental, en ese caso, mostrar respeto a su decisión.

Una última recomendación muy a tener en cuenta: a la hora de invitar a una cita no abones nunca la cuenta en metálico. En la mayoría de los restaurantes el recibo te será entregado en una pequeña cartera para esconder con discreción el precio final. Si pagas con billetes el coste se hará evidente para la otra persona, lo que no resulta muy "romántico".

Solución: lleva siempre encima la tarjeta de crédito o débito.

Así que, en conclusión, si invitas a una mujer para conocerse lo mejor es que tu pagues, ya que se supone que hay cierto interés de tu parte y que esa mujer vale la pena. Si la cita salió mal igualmente es recomendable pagar tú y no volver a salir con esa mujer.

Por eso debes trabajar en tus finanzas para que esto no te resulte un problema y puedas descartar a mujeres "que parecen atractivas" ...

No te rebajes al nivel de ellas.

EL MATRIMONIO

¿En estos tiempos es mejor estar soltero o es mejor casarse?

Bueno las relaciones con las mujeres requieren compromiso, ya que las mujeres son extremadamente emocionales y, por lo tanto, difíciles de manejar. Su naturaleza es ser inseguras, por lo que están predispuestas a lo teatral y a lo mezquino. Un hombre, como tal, debe ser discriminatorio al discernir el valor de una mujer, porque pocas valen el compromiso exigen.

Cuando una mujer grava a un hombre más de lo que lo sostiene, ella es redundante, un ancla en el barco en lugar del cuidador que lo mantendría. Naturalmente siendo mujer, tiene necesidades, y sus necesidades son muchas. Pero si dicha necesidad se manifiesta como una transgresión de los límites de su hombre, como una imposición sobre su soberanía y necesidad de soledad, entonces ella es más molesta de lo que vale. De manera idealista, el hombre y la mujer viven felices, haciendo compromisos calculados para garantizar que la unión no se vea socavada por los deseos del individuo: el microcolectivismo.

Entonces, por definición, una relación con una mujer requiere renunciar a una medida de libertad para satisfacer las demandas de lo femenino. Mi opinión es que, debido al debilitamiento de los deseos emocionales apremiantes de una mujer, una relación casi siempre le sirve, mientras que es un asunto más riesgoso para el hombre, ya que la probabilidad de que reciba un beneficio igual o mayor es improbable. Una mujer es a menudo una carga haciéndose pasar por pareja, y muchos hombres son engañados como tales, cuando en realidad, casi siempre es poco más que un dependiente.

La pregunta que surge naturalmente es "¿será lo suficientemente agradable como para valer la pena la carga que impondrá?" El sexo puede ser y a menudo es retirado sin previo aviso, por lo que un hombre no puede confiar ni en la calidad ni en la cantidad del sexo como un indicador del valor de la mujer, e incluso si el sexo fuera una certeza, un alcance tan estrecho en la evaluación de la mujer conduciría a una pareja equivocada.

El hombre debe entonces preguntarse si la mujer en cuestión tiene inclinación por el drama, y si es interesante o simplemente está obsesionada con las relaciones, los acontecimientos sociales y el consumo ocioso. En términos generales, cuanto más sustantiva y menos dramática es, más digna y agradable es.

En términos finales cederé paso a las palabras de Pablo en su primera epístola a los corintios:

"Me parece que los que están casados no deben separarse, y los que sí están solteros no deben casarse. Estamos viviendo momentos difíciles. Por eso creo que es mejor que cada uno se quede como está. Sin embargo, quien se casa no comete ningún pecado. Y si una mujer soltera se casa,

tampoco peca. Pero los casados van a tener problemas, y me gustaría evitárselos" (1 Cor 7:26-28 TLA)

Este consejo no rompe el libre albedrío y pon ende está en tus manos la elección. Lo mejor es que antes de querer casarse es tener una estabilidad financiera y emocional, los tiempos actuales no están para tener hijos o casarse de manera ligera. Tras la pandemia que vivimos la inflación está golpeando a cada país, es decir que las cosas te saldrán más caras de lo que ya te salen, menos empleos y los empleos que hay mal pagados. Forja tu camino primero y si encuentras a una mujer que verdad vale la pena con las cualidades que te mencionamos anteriormente, adelante, es tu vida, es tu decisión.

Por último, si ya estas casado y tienes problemas en tu relación, lo mejor sería primero tratar de solucionar los problemas que tienes con tu pareja actual y más si tienes un hijo ya que este siempre necesitará de una figura paterna. Pero si ya hiciste todo lo posible por solucionar el problema y la mujer no entiende, te dejo un Proverbio de la Biblia:

Proverbios 21:19
"Mejor es morar en tierra desierta. Que con la mujer rencillosa e iracunda." – Rey Salomón

Este versículo nos está enseñando que es mejor estar solo que estar con alguien que siempre está causando problemas. Es importante estar rodeado de personas que son positivas y que nos hacen sentir bien, no de personas que siempre son negativas y nos deprimen.

Pero eso sí, nunca te olvides de tus hijos, se responsable con ellos. Esto solo es un consejo desde nuestra propia perspectiva, hay muchos factores para tomar esta decisión y solo tú te harás responsable de las decisiones en tu vida.

CASTILLO Y CONFIANZA TOTAL

Por último y para terminar este capítulo tan largo, te daremos un consejo sobre la confianza.

Miembro de la comunidad: "Hay una chica que me gusta mucho y yo a ella, salimos por un tiempo y ahora es mi pareja, pero conociendo la naturaleza de la mujer por la red pill, temo sufrir una decepción ¿Qué hago?" ...

Protege siempre el núcleo de tu esencia, si decides dejarla entrar, nunca la dejes entrar por completo. Mírate a ti mismo como un castillo, déjala entrar al castillo, pero no le des la llave de la puerta más pesada. Notará que la puerta está cerrada.

Ella te preguntará qué hay detrás de la puerta y si "¿puedes dejarla entrar?" Ignora sus protestas y manipulaciones.

Nunca abras esa puerta.

No vale la pena abrirle esta puerta a ninguna otra mujer que no sea quizás tu madre y disfruta de su compañía lo más que puedas y nunca la hagas el centro de tu vida, al final de cuentas nadie es infalible.

Los hombres no comparten sus problemas tan abiertamente como las mujeres lo hacen, porque el castigo que los hombres reciben por la vulnerabilidad/debilidad es mucho mayor para un hombre que para una mujer. Las personas aceptan/toleran la incompetencia y la debilidad general de las mujeres.

Cuando los hombres muestran estos mismos aspectos muy humanos, la gente se enfada.

Los hombres pueden hablar sobre cómo se sienten. Pero la pérdida de respeto, estatus y atracción significa que tiene costos sociales mucho mayores para nosotros que para las mujeres.

La mayoría de los hombres se dan cuenta intuitivamente de esto, por lo que no se molestan. Ya están luchando y no necesitan que sea más difícil.

Es por ello que hacer una marcha masculina, así como tanto las feministas se enjuagan la boca alegando que tal procedimiento es el que deberían hacer los hombres, sólo causaría vergüenza ante los ojos de la sociedad.

Una mujer puede apoyarte, pero, como hombre, la única persona que te cuida eres tú mismo...

Un hombre está así, en cierto sentido, siempre solo, porque además de él mismo, y su Dios, si tiene uno, no hay nadie en quien pueda confiar para hacer las cosas bien para sí mismo.

Se levanta y cae por su propia mano.

Pero siempre se vuelve a levantar a pesar de los golpes de la vida.

Conquista el Mundo

Lo recuerdo como si fuera ayer. Era el descanso de uno de los partidos del torneo de fútbol de mi instituto y perdíamos 4 a 0. Estamos agrupados en el terreno de juego, de rodillas y en silencio, empapados en sudor y derrota. Sabíamos que el partido ya estaba terminado, pero fue ahí cuando nuestro entrenador se metió en el medio de la ronda y le puso fin a nuestra fiesta de lamentos con uno de los mejores discursos motivacionales.

Nuestro entrenador logró aprovechar el poder de las palabras para revitalizar a un equipo agotado tanto física como emocionalmente. Tras escuchar su discurso, nos recuperamos y ganamos el partido.

Al igual que en el deporte, mantener la motivación en el trabajo, tus negocios y en la vida en general es fundamental para tu rendimiento. Es por eso que este capítulo final es para motivarte totalmente a tomar acción en tu vida.

LA FELICIDAD

"La felicidad es cuando lo que piensas, lo que dices y lo que haces están en armonía." — Mahatma Ghandi

Si alguien me hubiera dicho lo que voy a contarles cuando era adolescente, mi vida podría haber tomado un camino completamente diferente. Recientemente recibí un mensaje en el que sentí que era necesario revelar algunas de las luchas de mi vida para ayudar a aclarar algunos puntos serios. Mi respuesta se hizo larga en un esfuerzo por abordar la pregunta y, como resultado, nació esto:

Pregunta: "¿Cómo me vuelvo feliz?"

La felicidad proviene de ganar (y debe ganarse) el privilegio de pensar positivamente sobre uno mismo. Las personas a menudo son infelices porque están enojadas consigo mismas por ser indisciplinadas, o porque no están teniendo tanto éxito o tan rápido como creen que deberían (un desajuste entre la ambición y el éxito).

He estado deprimido varias veces en mi vida y la raíz de dicha miseria se deriva de defectos fundamentales de carácter:

Falta de disciplina: La autodisciplina nunca fue fácil para mí porque mi capacidad de atención apestaba y no tuve una educación estricta. Al permitirme hacer lo que yo quisiera cuando era niño, me convertí en un joven con una arraigada falta de autodisciplina. Mi entrenamiento (o la falta de él) significaba que casi siempre prefería el camino de menor resistencia.

Por supuesto, los padres que no brindan una crianza ordenada apestan, pero culpar a su crianza inadecuada por sus fallas no logra nada procesable. Como hombre, tienes que asumir la responsabilidad de disciplinarte a ti mismo. La autodisciplina es esencial si quieres ser alguien que valga la pena. Si te falta, esto debería ser lo primero en lo que trabajes. Nada más puede caer en su lugar sin él.

Hay un millón de seminarios y libros de mierda por ahí que buscan ganar dinero con tus inseguridades al prometerte confianza. El 99,9% son tonterías. Como dijo PT Barnum, "cada minuto nace un tonto".

La verdad: solo tú tienes el poder de hacerte sentir confiado.

Las personas disciplinadas son personas seguras de sí mismas (no necesariamente egoístas) porque están orgullosas de lo que hacen. Cuando sepa que está esforzándose, un subproducto de sus esfuerzos será el orgullo. El orgullo se traduce en confianza en uno mismo, la confianza se traduce en encanto, y de ahí en adelante es una espiral ascendente. Pero todo comienza con disciplina, todo.

La disciplina es la raíz del éxito tanto como 3 es la raíz de 9. Si no eres alguien bendecido con una confianza irracional natural, así es como te vuelves seguro.

Tuve que encontrar mi propio camino en la vida como la mayoría de los tipos que no tuvieron una mano firme para guiarlos en su juventud. Yo holgazaneaba con "amigos" (otras "personas promedio" sin dirección que buscaban ocupar su tiempo) en lugar de dedicarme a pasatiempos significativos: un deporte, un instrumento, un idioma extranjero o un arte marcial. Este es un error que nunca dejaré que mis propios hijos cometan, si es que llego a tener.

Tuve que perder mucho tiempo para darme cuenta de que era precioso, porque cuando eres un perdedor sin dirección, no te valoras a ti mismo ni a tu tiempo. Siempre estás tratando de encontrar nuevas formas de desperdiciarlo en basura sin sentido porque no tienes metas. Y si tienes objetivos, te falta el impulso que proviene de la disciplina para apegarte al régimen necesario para hacerlos realidad.

Yo era uno de esos tipos que soñaban en grande, pero se contenían. Y a través de la complacencia repetitiva, un miedo irracional echó raíces. La inacción engendraría miedo hasta que hubiera perdido todo impulso. Y sin impulso, corre el riesgo de sufrir depresión. En palabras de Einstein:

"La vida es como andar en bicicleta. Para mantener tu balance debes seguir moviéndote."

Mi pereza me hizo infeliz; Me había convertido en prisionero de mi zona de confort. No estaba feliz porque sabía que no estaba a la altura de mi potencial. La fuente de mi infelicidad provenía de la ira y el descontento que albergaba por ser menos que lo mejor que podía. Pero dejé de criticarme por ser un perdedor y comencé a elogiarme por hacer lo que podía para construirme a mí mismo.

Incluso si no tengo el nivel de éxito/estatura que los estándares ridículamente altos de mi ambición exigen de mí, acepto lo que tengo y lo que soy, siempre y cuando haga lo mejor que pueda.

Porque lo mejor de ti es todo lo que tienes, exigir más que eso es colgarte una zanahoria que te arrebatan constantemente. Disfruto el viaje de volverme mejor todos los días, disfruto la rutina, la lucha, el ajetreo. Tienes que hacerlo para llegar a cualquier parte. Y si mi mejor esfuerzo no es suficiente, que así sea. Intentaré algo más. Estoy bien con ser imperfecto.

Acepto el fracaso como una parte inevitable de la vida, a veces se tiene miedo de no ser lo suficientemente bueno, pero cualquier cosa es mejor que rendirse. Terminaré citando a Winston Churchill:

"Nunca te rindas, nunca, nunca, nunca, nunca, en nada grande o pequeño, grande o pequeño, nunca cedas excepto por convicciones de honor y buen sentido. Nunca cedas a la

fuerza; nunca ceder ante el poder aparentemente abrumador del enemigo".

La verdad es que no sé qué decir. Estamos precisamente en este momento en la batalla más grande de nuestra vida. Todo se reduce a estos momentos. O bien nos forjamos como hombres o nos desmoronamos.

Centímetro a centímetro, paso a paso, hasta que estemos acabados. Estamos en el infierno, caballeros.

Creedme.

Y podemos quedarnos aquí y que nos den una puta paliza, o bien podemos luchar y abrirnos paso de nuevo hacia la luz. Podemos salir del infierno centímetro a centímetro.

Yo no puedo hacerlo por ustedes. Cada hombre tiene su propia batalla. Quiero decir... Muchos hemos tomado casi todas las decisiones equivocadas que un hombre de mediana edad puede tomar. Por ejemplo, perder o desperdiciar todo su dinero o tiempo. Dar la espalda a sus compañeros o pareja, escoger mal a su pareja y que esta las engañe. Y puede que algunos no puedan ni mirarse al espejo. ¿Saben? Cuando nos hacemos viejos, la vida nos puede quitar todo y tirarnos. Es parte de la vida. Pero sólo aprendes en el momento en que empiezas a perder cosas.

Descubres que la vida es un juego que se mide en centímetros.

En la vida como en el futbol, el margen de error es tan estrecho. Quiero decir... medio paso demasiado tarde o muy pronto y no llegarás; medio segundo demasiado lento o muy rápido y no lo atraparás. Los centímetros que necesitamos están por todas partes. Están en cada descanso, en cada minuto, en cada segundo.

En esta comunidad luchamos por ese centímetro. En esta comunidad nos dejamos la piel y destrozamos a todo el mundo a que va en nuestra contra por ese centímetro. Arañamos con nuestras uñas el campo por ese centímetro. Porque sabemos que sumando todos esos centímetros vamos a marcar la puta diferencia entre GANAR o PERDER, entre VIVIR o MORIR.

Lean bien lo que les escribo: en cualquier batalla es el hombre que esté dispuesto a morir el que va a ganar ese centímetro. Y sé que si voy a vivir un poco más es porque conservo la voluntad de luchar y morir por ese centímetro, porque VIVIR es eso. Los seis centímetros que tienes delante.

Yo no puedo obligarlos a hacerlo. Tienen que mirar al tipo que tienen frente al espejo. Miradle a los ojos. Van ver si es a alguien que recorrerá ese centímetro. Verán a alguien que se esforzará por ganar y esforzarse en la vida, porque sabe que ese es su camino.

Miren a su alrededor, miren a tus compañeros, su tribu, su equipo... deben ver a hombres con hambre de victoria y que se esfuercen por los miembros de la tribu.

Eso es forjarse, caballeros. O bien nos rehacemos ahora, como un equipo, o nos desmoronamos como individuos. Nada más. Díganme, ¿qué van a hacer?...

Y es que nada en la vida vale la pena si no tomas riesgos, nada.

Nelson Mándela dijo: *"Qué no hay pasión que se pueda*

encontrar jugando a lo pequeño, vivir una vida que es inferior a la que eres capaz de vivir".

Ahora estoy seguro de que sus experiencias en la vida, en la escuela, en la universidad, escoger una especialidad decir que quieres hacer en la vida, te han aportado conocimiento y valor... Estoy seguro que en algún momento les dijeron: asegúrate de tener en que apoyarte para la vida.

Pero nunca entendí ese concepto, tener algo en que apoyarme.

Si es que voy a caer, absolutamente no puedo retroceder, excepto en mi Fe y filosofía. Quiero caer hacia delante, imagino que al menos voy a ver lo que voy a golpear con mi cabeza. Quiero caer hacia delante.

Un salto de Fe.

Cada experimento fallido te acerca un paso más al éxito, debes tomar riegos.

De seguro ya has escuchado esto antes, pero quiero decirte porque es importante tomar riesgos.

Primero. Fallaras en algún momento de tu vida, solo debes aceptarlo perderás y te avergonzaras. Acéptenlo, porque es inevitable, ya deberían saberlo. Así es la vida.

Hay un viejo dicho que dice:

"Puedes pasar por una peluquería 1000 veces, pero tarde o temprano te cortaras el cabello"

Debes tomar descansos, yo tome algunos. El punto es que

todas las personas que leen este libro tienen la capacidad y el talento para poder triunfar.

Pero, ¿tienen las agallas para fallar?

Segundo. Si no has fallado, entonces no estas intentando.

Si quieres tener algo que nunca has tenido, debes ser alguien que nunca has sido.

Imagina que estas en el lecho de tu muerte y alrededor de ti están los fantasmas que representan tu potencial insatisfecho, los fantasmas de las ideas que nunca llevaste acabo, los fantasmas del talento que nunca usaste... están alrededor de ti molestos y enojados y te dicen: "Vinimos a ti porque pudiste a vernos traído a la vida y no lo hiciste, ahora iremos a la tumba todos juntos"

¿Cuántos fantasmas tendrás cuando llegue el momento? Tienen que salir de ahí y poner todo el esfuerzo que tienen, este es su momento.
Su talento, sus oraciones o sus tesoros. ¿Qué van hacer con lo que tienen? Y no estoy hablando cuanto es lo que tienen.

Algunos tienen negocios otros son enfermeros, maestros, doctores, abogados, auxiliares, emprendedores...

Algunos tienen dinero, otros pacientes o clientes.

Algunos tienen bondad, otros, amor.

Cualquiera que sea tu don.

¿Qué vas a hacer con lo que tienes?

Mi último punto. La vida nunca será un camino recto, porque correr riesgos no solo se trata de buscar un buen trabajo.

También se trata de saber lo que sabes y lo que no sabes.

Se trata de estar abierto a las personas y a sus ideas.

Puede que te de miedo, pero será muy gratificante debido a las oportunidades que tomarás.

Las personas que conoces, a las que amas, la fe que tienes, tu filosofía eso es lo que te va a definir. Nunca te desanimes, nunca te detengas, da todo lo que tienes y cuando caigas en la vida, recuerda caer hacia delante.

Ahora sal y conquista al mundo, sigue tu propio camino, el camino de un hombre.

(Fragmentos de discurso de: Denzel Washington: "Caer hacia adelante" (2011) y Al Pacino: "Centímetro a centímetro" (1999))

CONCLUSIÓN

Te agradecemos por confiar en la marca al adquirir este libro y esperamos te hayas beneficiado.

Si aún no nos sigues en nuestras redes sociales te recomendamos mucho hacerlo ya que ahí damos consejos extra que se complementan con este libro y para estar al día con las nuevas actualizaciones. También nos gustaría que nos dejaras una reseña sobre que te pareció este libro, si te ayudo o también si crees que falto algún tema escríbelo para nosotros abordarlo en alguna nueva actualización.

En verdad les agradecemos mucho porque por ustedes y para ustedes fue que creamos este libro para forjar la masculinidad que en estos tiempos hace mucha falta, no se olviden de unirse al grupo de privado de WhatsApp de este libro, escríbenos un mensaje en Instagram "**@hombrespeligrosos**" para que podamos darte el acceso.

Seguiremos trabajando y no descansaremos hasta que más de 1 millón de hombres sepan de nosotros y aprendan como pueden convertirse en la mejor versión de ellos mismos forjando sus cualidades. Si crees que este libro contiene información de valor, recomiéndalo con un amigo para que lo adquiera eso nos ayudaría a seguir financiando el proyecto y seguir aportando valor.

Ha sido un verdadero privilegio pasar este tiempo ustedes. ¡Nos encontraremos muy pronto! Un abrazo y que Dios te bendiga.

- Humberto Montesinos M.
Director de Hombres Peligrosos ®

Contáctanos

EN INSTAGRAM – FACEBOOK – YOUTUBE - TIKTOK
@hombrespeligrosos

PÁGINA WEB:
www.hombrespeligrosos.eu

CORREO ELECTRONICO:
hombrespeligrososoficial@gmail.com